高参小

小学校园文化建设丛书
XIAOXUE XIAOYUAN WENHUA JIANSHE CONGSHU

童心崇德

黄胄艺术实验小学
美德教育文集

蒋学凤 种 霞 主编

TONGXIN
CHONGDE

HUANGZHOU YISHU SHIYAN
XIAOXUE MEIDE JIAOYU WENJI

北京师范大学出版集团
BEIJING NORMAL UNIVERSITY PUBLISHING GROUP
北京师范大学出版社

图书在版编目（CIP）数据

童心崇德：黄胄艺术实验小学美德教育文集/蒋学风，种霞主编.
—北京：北京师范大学出版社，2016.9
　（小学校园文化建设丛书）
　ISBN 978-7-303-20360-4

　Ⅰ.①童…　Ⅱ.①蒋…②种…　Ⅲ.①德育-教学研究-小学-文集
Ⅳ.①G621-53

中国版本图书馆 CIP 数据核字（2016）第 084244 号

营销中心电话　010-58802181　58802123
北师大出版社高等教育教材网　http://gaojiao.bnup.com
电　子　信　箱　gaojiao@bnupg.com

出版发行：北京师范大学出版社　www.bnup.com
　　　　　北京市海淀区新街口外大街 19 号
　　　　　邮政编码：100875
印　　刷：大厂回族自治县正兴印务有限公司
经　　销：全国新华书店
开　　本：787 mm×1092 mm　1/16
印　　张：11.75
字　　数：208 千字
版　　次：2016 年 9 月第 1 版
印　　次：2016 年 9 月第 1 次印刷
定　　价：48.00 元

策划编辑：何　琳　　　责任编辑：王　强　王　亮
美术编辑：焦　丽　　　装帧设计：焦　丽
责任校对：陈　民　　　责任印制：陈　涛

丛书编委会

本书编委会

丛书序

    为贯彻落实《中共中央关于全面深化改革若干重大问题的决定》中提出的"强化体育课和课外锻炼，促进青少年身心健康、体魄强健。改进美育教学，提高学生审美和人文素养"的要求，推动小学体育、美育工作科学、有序、和谐地发展。2014年，北京联合大学作为市属综合性高校，积极投入到北京市教委组织的高等学校、社会力量参与小学体育、美育特色发展工作（以下简称"高参小"）中，广大教师在做好本职工作的同时，热情地投身到小学特色建设中，围绕小学文化建设、学科课程教学、学生社团发展、教师培养培训、理论实践研究等方面开展帮扶，取得了丰硕的成果，受到了小学广大师生的欢迎。小学校园文化建设丛书即为"高参小"工作的阶段性成果之一。

    校园文化是学校教育不可缺少的重要组成部分，是学校具有的特定的精神环境和文化氛围，它体现了一所学校的精神风貌和价值追求。健康和谐的校园文化能传递给师生一种庄重的正能量，能在无形中起到"润物细无声"的教育魅力。加强小学校园文化建设是加强学校内涵建设的重要内容，是全面提升人才培养质量的根本要求。本丛书充分考虑到牵手七所小学的历史、文化、特色，设计了童心崇德、童心尚美、动悦繁星、舞动花开、花漾帆欣、智创未来、翰墨雏鹰、明德雅行八个系列。各系列之间既有校园文化建设的关联性，又有各自学校特色相对的独立性，读者可以根据自己的需求，选用不同的系列组合。丛书画面唯美、语言生动、极具吸引力。

本丛书的作者均为在高校和小学从教多年的管理者和一线骨干教师，教学、管理经验丰富，且对小学校园文化建设的价值与效果有深入的思考与长期实践。丛书较多收集了"高参小"活动中小学生的作品，是高校参与小学文化建设成果的综合展示。

希望通过本丛书的出版，能够为加强和改进小学体育、美育工作，促进小学文化建设，提高学生的审美和人文素养贡献我们的力量。

丛书编委会

2016年9月

序

　　黄胄艺术实验小学是一所以艺术教育为办学特色的全日制普通公立小学。在"尊重·发展"办学理念的引领下，遵循学生身心发展的特点和规律，构建了以育人目标为核心，以艺术教育为特色的学校课程和活动体系。学校将国家课程、地方课程、校本课程、隐性课程、传统活动、社团活动、校外资源等进行了有机整合，通过全员育人、全方位育人、全过程育人，全面提升办学质量。学校把打造艺术特色，以美立德、以美益智、以美健体的功能逐步扩大；践行让生命阳光般多彩的特色理念；落实"以书为友、以艺术为友、以好习惯为友"的校训，努力为学生提供高水平的个性化教育服务。

　　在艺术教育特色建设的道路上，学校干部教师尽心竭力，但是作为一所普通公立小学，仍旧困难重重。在市教委的引领和安排下，2014年5月，我校与北京联合大学携手建设学校艺术特色项目。"高参小"项目为学校艺术教育增添了一抹新绿。目前，联合大学师生在我校成立了拉丁舞、心理、国画、健美操、泥塑、啦啦操、硬笔书法等多个学生社团。在丰富多彩的社团活动中，孩子们开阔了视野、拓展了思维、锻炼了体魄、提升了艺术素养。

虽然时间不长，虽然学生稚嫩，但是正可谓："泉眼无声惜细流，树阴照水爱晴柔。小荷才露尖尖角，早有蜻蜓立上头。"每一位教师的投入，让"高参小"项目充满发展的活力，充满教育的博爱，充满教师的真情。这一切让孩子们受益其中，他们用手中的画笔描绘着心中的天地——童心尚美画册；他们用稚嫩的笔触诉说着童真的世界——童心崇德文集。在成长的道路上，留下了师生一串串美好的回忆和一张张愉快的笑脸……就让我们采撷瞬间的美好，定格在画册和文集中，共祝愿孩子们的明天会更好！

让我们一起欣赏小荷初绽，一起聆听花开的声音……

校长　蒋学凤

前　言

　　黄胄艺术实验小学是北京市朝阳区小学素质教育示范校，规模不大，但是教育教学质量扎实，多次获得区教委良好、优秀的好评。这依托于近年来学校秉承"尊重·发展"的办学理念和"让生命阳光般多彩"的特色理念，扎扎实实落实"以书为友、以艺术为友、以好习惯为友"的校训，将社会主义核心价值观教育渗透于时时、处处、人人。学校依托《黄胄少年说》美德读本，从小事着手，重在培养学生的良好习惯；提升教师、家长全员、全程、全方位育德的能力，形成教师尽职乐教，学生健康乐学的和谐氛围。

依托美德读本　抓实养成教育

　　学校编写《黄胄少年说》美德读本，旨在通过小学六年的培养，让孩子们从天真顽皮的儿童成长为具备六种美德的"黄胄少年"。这六种美德分别是：家庭中的我——孝顺；校园中的我——快乐；学习中的我——勤奋；社会中的我——有礼；交往中的我——宽容；生活中的我——坚强。读本实现了六种美德培养的立体化，对学生的行为进行训练，从点滴入手，从细节开始，做到知行合一。每个年级段细化标准，规范学生的言行，提升学生对自己、对他人、对社会的责任意识。读本以校本课程建设为载体，以课堂教学、德育活动、社团建设、家校合作为实施途径，最大程度地促进学生全面成长，践行"尊重·发展"的办学理念。

深化课程学习　强化课堂育人

"尊重·发展"的办学理念是学校课程的"根"，艺术特色是学校课程的"魂"。在学校办学理念和特色理念的引领下，学校构建了以艺术教育为核心的"尚美"校本课程体系。构建过程中，充分体现了尊重生命、尊重学生的兴趣爱好与个性差异；培养学生：美的心灵、美的德行、美的习惯——让生命阳光般多彩。本着尊重学生个性需求，以适合不同层次、不同基础学生的发展的原则，课程呈现出内容全面系统化、形态多样化的特点。学校校本课程体系包括：语言艺术、思维艺术、综合艺术三大类，共21门课程。每一门校本课程都围绕育人目标、艺术特色展开，以落实学校"以书为友、以艺术为友、以好习惯为友"的校训，老师们带领学生通过听、说、读、写、画、演等各种形式丰富的课程，践行社会主义核心价值观。

依托多彩活动　落实实践育人

让学生在多彩的活动中实践、成长，是学校育人的重要途径之一。学校借助少先队入队仪式、每周一升旗仪式、开学典礼、结业式和毕业典礼等契机，引导师生理解社会主义核心价值观的内容；利用背诵儿歌和吟诵《三字经》《弟子规》等传统文化经典的活动，引导师生将社会主义核心价值观落实在学习和生活的点点滴滴之中；利用校园内外学生喜闻乐见的体育艺术和科技活动，引导学生感悟社会主义核心价值观的丰富内涵。学校努力做到校内校外相结合、课内课外相结合、学科教学与德育活动相结合、知识学习与实践体验相结合，实现全科育人、全程育人、全员育人和实践育人的目标。让每一个孩子与书为友，养成自觉阅读的习惯，掌握阅读的方法，让阅读植根于师生的生活；与艺术为友，培养艺术兴趣，让艺术教育落地生根；与好习惯为友，养成良好的学习生活习惯，为一生发展奠基，让育德内涵深化具体，更具实效性。

广泛挖掘资源　协同服务发展

建立家长委员会（以下简称"家委会"），适时组织家委会培训，并通过家委会邀请广大家长参与学校的各种活动。指导家委会协助班级开展工作，以家委会成员为基础，建立班级微信群、博客，加强家校联系，促进教师、家长、学生之间的交流分享，达成教育共识，形成教育合力。

与社区、北京联合大学、炎黄艺术馆、北京玩具协会等多家社会单位和机构联手，开展丰富多彩的学生社会实践活动。让社区的爷爷奶奶、高校的师生、社会单位的名人名家走进学校；组织孩子们走进社区和社会单位。通过系列走进走出活动，开阔孩子们的视野，提高孩子们的社会交往和综合实践能力。大手小手紧紧相握，共同成长、共同发展。

《童心崇德：黄胄艺术实验小学美德教育文集》*是近两年来学校教育教学活动中，教师、学生和家长朋友们的部分笔耕作品和心得感悟，他们用笔尖书写着校园生活的多彩与美好；他们用心灵吟唱着孩子们幸福童年的颂歌。感谢老师们在教育工作中付出的大爱、辛勤与智慧；感谢家长朋友们对学校、教师工作的理解与支持；感谢孩子们，你们的精彩绽放让我们享受着生命的价值。祝福孩子们，愿你们天天有进步，年年有发展，你们未来的精彩一定能够胜过今天笔下的描绘！

---

*编者按：本书中所收录的学生习作在编辑过程中未做大的改动，以最大限度地保留儿童特有的语言风格与认知特点。

目 录 | 童心崇德

黄胄艺术实验小学美德教育文集

第一章

"高参小"项目走进黄胄
艺术实验小学

师爱无边

人民艺术家
黄胄

/一/ "高参小"项目简介
——背景、计划与实施

为破解"择校热"、提升普通学校办学水平，北京市通过采用高校和社会力量参与小学体育美育发展工作的办法（简称"高参小"），打破高校与小学"关门办学"的"高墙"。截至目前，已有上百所小学与高校、艺术院团和艺术机构、体育俱乐部等结成"对子"，在融合教学、课外活动、互动教研等方面取得了初步成效。"过去我们只能依靠音乐课、美术课进行艺术教育，在提供丰富的艺术教育资源方面受到了限制，无法满足学生的发展需要。如果不是'高参小'的平台，一些像戏剧、舞蹈等专业课程很难引入中小学。"北京市教委体育卫生与艺术教育处处长王军说，"高参小"为小学落实素质教育提供了新平台，一些没有办出特色的学校，完全可以在这个平台上"独树一帜"。

"高参小"的核心是利用高校在体育、美育、艺术等方面的专业优势以及社会力量的优质资源，在小学课外活动、校园文化建设中提供专业支持。小学可以通过与高校的合作，获得更多的办学资源与更先进的办学理念。黄胄艺术实验小学与北京联合大学"手拉手"，全面开展了"高参小"项目。

2003年8月，成立于1987年3月的北京市朝阳区西坝河第四小学更名为北京市朝阳区黄胄艺术实验小学。2004年8月，撤销北京市朝阳区西坝河第二小学，并入北京市朝阳区黄胄艺术实验小学，分址办学。从正式更名开始，学校就将艺术教育确定为办学特色，其中美术教育更是形成了特色品牌。

黄胄艺术实验小学的办学理念之——尊重

尊重是人类的美德。从个体的角度来说，黄胄艺术实验小学的每个成员要成为自尊和自爱的人；从群体的角度来说，黄胄艺术实验小学的每个人都很重要，全体师生彼此接纳、相互尊重，即尊重各自的人格、尊重各自的差异。

尊重是发展的前提。只有教师尊重孩子，因材施教，才能促进学生的可持续发展。

北京联合大学是1985年经教育部批准成立的北京市属综合性大学，其前身是1978年北京市依靠清华、北大等大学创办的36所大学分校。北京联合大学主动适应国家及首都经济建设与社会发展的需要，不断整合优化学科专业结构、凝练学科专业特色，初步形成了结构优化、布局合理、应用性特色初显、多学科协调发展的学科专业体系。北京联合大学"高参小"项目也将继续发挥作用，让越来越多的高校学生深入小学中，带给孩子们丰富的知识，更好地促进小学生德智体美劳的全面发展。

《现代教育报》登载黄胄艺术实验小学"多彩艺术进校园 实践体验助成长"主题实践体验活动信息

黄胄艺术实验小学的办学理念之——发展

发展是人类永恒的追求。对黄胄艺术实验小学来说，发展有如下含义：一是通过艺术教育及其所辐射的各种教育活动，使来自不同家庭、具有不同资质的孩子得到差异发展，成为人格完善的人，实现学校"合格+特长"的育人目标；二是通过多种途径促进教师有层次、分类型的发展；三是以美术教育为突破口，使学校成为朝阳区，乃至北京市有名的艺术教育特色学校。

学校大门

教学楼

/二/ "花样的社团，一样的成长"

黄胄艺术实验小学的办学特色——"艺术教育"。

学校将"艺术教育"确定为办学特色，在"尊重·发展"的办学理念引领下，遵循学生身心发展的特点和规律，以"合格+特长"为育人目标，构建了以艺术教育为特色的学校课程和活动体系。将国家课程、地方课程、校本课程、隐性课程、传统活动、社团活动、校外资源进行有机整合，通过全员育人、全方位育人，全面提升办学质量。打造艺术特色，将以美立德、以美益智、以美健体的功能发挥到最大化，落实"以书为友、以艺术为友、以好习惯为友"的校训，践行"让生命阳光般多彩"的特色理念，努力为学生提供高水平的个性化教育服务。

扬"高参小"风帆，强学校艺术特色

北京市朝阳区黄胄艺术实验小学校长　蒋学凤

作为一所以艺术教育为特色的全日制普通小学，要想发展艺术教育特色，困难重重，主要有以下几个方面。

困难之一：学校硬件条件有限，开展艺术教育会受到场地、设施设备等方面的限制。

困难之二：学校是普通学校师资编制，艺术学科的教师数量很少，质量也亟待提升。音乐、美术两个承担艺术教育的核心学科，一共只有四名教师，而且都比较年轻；其中两名区级优秀青年教师，两名普通教师，经验都还不够丰富。而且这些教师受到所学专业限制，能够承担的艺术教育门类仅有几项，给学校的艺术特色发展带来极大制约。

困难之三：发展艺术教育特色需要大量的资金支撑，当前的资金拨

蒋学凤校长

付大多是普惠性的，学校可用于艺术发展的专项资金额度很小。

党的十八届三中全会对全面改进美育教学做出重要部署，国务院办公厅印发的《关于全面加强和改进学校美育工作的意见》，明确了当前和今后一个时期加强和改进学校美育工作的指导思想、基本原则、总体目标和政策措施。国务院对加强学校美育提出明确要求。强调要加强美育综合改革，统筹学校美育发展，促进德智体美劳有机融合；整合各类美育资源，促进学校与社会互动互联，形成全社会关心支持美育发展和学生全面成长的氛围。目前，我校艺术特色建设正处在以美术教育为基础，向全面艺术教育发展的关键期。经过对基础的深入分析和对未来的规划，我们确定要走一条以美术教育为基础，综合发展艺术教育特色的路，为每一个学生的艺术教育需求，提供适合的、个性化的教育服务。我们在已有的基础上分三步走：第一步是进一步做实美术教育；第二步是最大限度地丰富学校艺术教育门类；第三步是在丰富的基础上根据学生的需求打造几个精品的艺术门类。目前学校正在从第一步向第二步迈进。

正在学校有规划、缺条件的关键时候，我们迎来了"高参小"项目

《中国教师》载蒋学凤校长刊文

的支持！"高参小"项目是北京市教委的专项，主要是利用高校的资源支持，以及促进小学的体育艺术和科技发展。这一项目给学校带来的主要支持如下所示。

支持之一："高参小"项目有专项资金，支持学校的文化环境建设和体育艺术科技教育发展。当学校组织学生在校内外开展艺术活动时"高参小"项目可以在相关的资金上给予支持。例如，艺术欣赏、艺术实践、艺术创造等方面涉及的服装道具、场地租赁……这给学校解了燃眉之急，给学生们创造了以往达不到的条件。

支持之二：高校有数量较多的高水平的艺术教育师资，而且还有数量众多的艺术类专业的学生。他们定期走进学校，走进学校的艺术课堂、课后一小时、社团……这些高水平的高校教师，还有这些艺术类专业的高校学生，不仅是从数量上大大补充了学校的艺术类师资，丰富了学校的艺术教育门类。以前我们只有剪纸、儿童画、电脑美术、合唱等几个项目，现在我们增加了心理剧、软硬笔书法、国画、啦啦操、健美操、拉丁舞等多个项目；而且在增加门类的基础上，也提高了艺术教育水准，一些社团六七岁的学生仅仅学习了一个学期，就能组织孩子们进行展演和竞赛，受到了广大学生和家长的好评。

支持之三："高参小"项目促使高校盘活资源，为学生提供了大

合唱比赛

量校内外实践活动机会。北京联合大学下设多个学院，每个学院各具特色，而且每个学院都有很多的社会资源。在与北京联合大学合作的过程中，很多学院参与进来，组织开展了丰富的实践活动，如校外参观、观影、观剧、高校科技体验等实践活动。学生和家长都高兴地说：我们的孩子真幸福！有机会参加这么多艺术活动，让我们的孩子开阔了眼界、丰富了体验。

"彩泥空间"社团——用双手捏出七彩童年

🐦教师寄语

班主任 李媛媛

学校的社团活动丰富多彩，每年都有新的花样儿——啦啦操、水墨画课、剪纸课、书法课……多得让人说不出名字。而今年，我带的一年级幸运地赶上了泥塑课。

起初刚听到这个名字时还真吓了一跳！细想想，这一年级的孩子在课上玩泥巴，班里得是什么样子。各种的担忧开始了，但当联大的老师第一次来到课堂上，我看到了她们手里一袋袋五颜六色的轻黏土，顿时，心里的大石头落地了。

再说说这帮孩子，更是兴奋得不成样子，甚至还有孩子高兴地爬上了桌子！就这样，我们的泥塑课开始了。

第一节课，我们学习的是捏"愤怒的小鸟"。这个游戏孩子们不陌生，所以今天的"主人公"孩子们也是接触过的。老师详细地讲解着，孩子们认真地看着，小心翼翼地捏着自己手上的作品，生怕自己会把小鸟的哪个部位捏错。虽然，愤怒的小鸟只有4种配色，但是，令我没想到的是，孩子们的世界是多彩的，捏出来的作品也是五花八门的。最后，在老师的指导和鼓励下，孩子们捧着自己的作品简单的介绍着，班里一片欢声笑语……

泥塑课已经上了一段时间了，每一个孩子都基本掌握了要领，有了自己的想法，并慢慢学会了"倾听""观察""思考"，同时也培养了孩子的动手能力。真的非常感谢"高参小"的老师们这么细心，也同时感谢学校提供了这样的学习机会。

🌰 学生心得

我学会了泥塑

陈赫　指导教师：李媛媛

我是一名刚上小学的一年级新生，新的校园生活带给我许多欢乐。在这里我认识了许许多多的新朋友，还学到了很多新的知识、新的技能，最让我记忆深刻的要数每周三次的泥塑课。

还记得有一次上泥塑课，我们来到了泥塑活动室，我就迫不及待地拿出陶泥，做好准备工作。老师先告诉我们，今天做的是鸭子。首先，我们拿出一块黄色的陶泥，把它搓成一大一小的两个圆。然后，拿出小的圆做头，接着拿出红色的陶泥，做了三个椭圆。最后，又拿出一点白色的做眼白，黑色的做眼珠，做两个眼睛装在左右的两侧。

教学楼内的艺术装饰

做好了头，我们就拿出做好的一个椭圆，中间切开，装在头上。大圆做小鸭子的身体，再把它后面翘起来做尾巴。接着把剩下的两个椭圆压扁，装在身体的两侧。最后再把头装上去。这样，栩栩如生的小鸭子就诞生了。看着作品，我开心地笑了。

妈妈说学泥塑就像孩子学走路一样，会有跌倒的苦，但一定会有学成之乐。通过多姿多彩的泥塑课，使我认识到：我们做任何事都要有耐心、有恒心；要不怕失败，勇敢尝试；只有辛勤的付出，才会有丰收！

🐿家长感言

孟德扬的家长

一转眼，孩子成为黄胄艺术实验小学的小学生已经有两个月了。在老师们的悉心教导下，孩子已经非常适应小学的学习生活了。学校中丰富多彩的教学活动，给求知欲旺盛的孩子打开一扇大门，去探求未知的世界。

孩子最喜欢的活动莫过于每周三次的泥塑课程了。每次活动完之后，孩子都高高兴兴地举着自己的作品走出校门，小心翼翼地捧回家。我们家的这个男孩子，对这种手工活做得不是很仔细。头两次带回家的作品，我们实在猜不出来像啥。可是随着时间的推移，孩子的作品越来越生动了，不光看起来有模有样，而且色彩的搭配、形状的运用也越来越丰富。有一次，班主任老师特意发给家长们孩子上课的视频。每个孩子在课上还要自己点评自己的作品。看着孩子们一个个兴奋的笑脸和一件件栩栩如生的作品，真是很感动呢。

原来这样一个小小的泥塑课，带给孩子这么多快乐。作为手工类的课程，它首先是锻炼了孩子的手部小肌肉群的发展，使孩子的小手更加灵活。其次，孩子通过泥塑过程中的用料选择和设计，又锻炼了颜色搭配和运用能力。记得在"汉堡"作品的设计中，老师不拘一格地要求他们自己大胆创意，孩子们有的配可乐，有的配薯条，还有的配冰激凌。孩子们真是带给我们无限的惊喜。

作为家长，我深切地感受到孩子对泥塑活动的喜爱。上次参加了学校"多彩艺术进校园"实践展示活动，了解到黄胄艺术实验小学这类社团活动还有很多。感谢校领导和老师们的精心策划，让孩子在学习、体验的过程中，感知并欣赏艺术的美，同时又创造艺术的美；感谢联大的老师们把一个泥塑课程拓展成一个看、听、说结合，动手动脑、寓教于乐的活动。

傅泽方的家长

开学伊始，初上小学的儿子回来兴奋地和我说："妈妈，我终于可以玩泥巴了！我们李老师给我们报的是泥巴课，但是要下周才能玩，因为老师说泥巴还没有准备好。"我当时就在想到底是什么泥巴，可以在学校的课外活动时间玩呢？待到第二周的周一下午放学时，看到他班每一个小朋友都兴冲冲地举着手里的"愤怒的小鸟"给家长看时，我才明白原来所谓的玩泥巴就是玩超轻黏土。

其实儿子在学前班时就非常喜欢那里的"软陶"课程，但区别于泥塑课程的是，软陶土实际上是一种油性橡皮泥，颜色鲜艳但无法长期保存。所以儿子早就要求我在家帮他准备了超轻黏土套装，可是他却只会照着套装里的样子复制而不会构思，甚至连简单的图形都捏不出来。

不过这些问题似乎从第一次泥塑课开始后就改变了。看着儿子捏得超像的"愤怒的小鸟""章鱼兄妹""可爱的长颈鹿""KFC汉堡套餐""美丽的小蝴蝶"等，我非常惊讶，因为一个原来只会一味"复制"的小朋友居然可以独立做出这么有想象力的泥塑来，这是太神奇的一件事了。

国庆假期时，非常感谢李老师给了我们一次参加"高参小"实践活动的机会，在那次的实践活动中，儿子不仅参加了制作"兔爷""立体裁剪"的活动，也参加了"泥塑"的体验活动。也正因为这样，我才有机会看到泥塑老师们是如何教孩子制作泥塑的。那天制作的主题是"章鱼"，老师们非常有耐心地告诉孩子如何揉出一个圆球，然后一步一步地告诉孩子们该如何制作。遇到孩子们有不会的时候，老师们都会在一旁细心指导、给予提示，然后让孩子们独立完成作品，而不是直接给一个"半成品"让孩子们去组合。这样一来，老师们辛苦了很多，因为要给孩子讲很多东西，但孩子的收获是最大的。遇到有些颜色黏土紧俏的时候，老师们会告诉孩子们要大家一起使用，要大

家长参会

家共享所有颜色。那次参加泥塑体验的小朋友里，应该只有儿子因为在学校已经捏过"章鱼"所以比较熟练，但体验结束时，我看到每个参加的小朋友手里的"章鱼"各有千秋，而且每个小朋友都兴奋地告诉他们的家长"我今天学会捏章鱼了"。

那次活动之后，我也才明白，原来泥塑老师不是学校的在职教师，怪不得儿子经常说泥塑老师又换了呢。

但无论是哪一位泥塑老师，我都想真心谢谢他们，因为是他们用简单的黏土教会了孩子观察、教会了孩子独立、教会了孩子创新、教会了孩子学会分享。

我也要感谢李老师，感谢学校，谢谢你们这样的安排！让孩子们在德智体美中稳步成长，让孩子们不只是在课堂上学习到了书本上的知识，也在玩乐中学习到了技能。

李佳萱的家长

刚开学不久，有一天孩子放学回来，手里举着一团颜色鲜艳的东西，兴奋地告诉我，这是她捏的彩泥。这是一只红色的愤怒的小鸟，小小的，只有简单的四种配色，红色的身子、黑色的尾巴和眼睛、白色的眼白和黄色的小嘴。之后的日子，经常都有"作品"拿回家，有的创意抽象，有的憨态可掬。她总是叽叽喳喳地给我讲解，左边的是什么，右边的又是什么，兴奋不已，我也是照例的夸奖她，鼓励她。后来渐渐地，作品越来越精致，能够把自己想象的世界形象地表现出来：一个分了很多层的、高高的汉堡包长着大眼睛，还戴着蝴蝶结；帅气的面包王子戴着皇冠，旁边是漂亮的面包公主，身后跟着小面包们。从作品中可以感受到，老师们的用心教导，让孩子们不断地进步着。

孩子十分盼望上泥塑课，泥塑给她带来了快乐。她请求我买了泥塑的原料，在平时闲暇的时候，也愿意动动小手捏捏彩泥。感谢学校举办了这次活动，泥塑不仅锻炼了孩子们的动手能力，还提高了他们的审美情趣。希望艺术能融入孩子们的生活，陪伴他们成长。

李米琦的家长

"高参小"活动的核心就是利用高校在体育、美育等方面的专业优势以及社会力量的优质资源,在小学课外活动、校园文化建设中提供专业支持。小学可以通过与高校的合作,获得更多办学资源与先进办学理念。

了解"高参小"活动的宗旨后,再来回顾孩子课后泥塑活动的收获和感受。

首先,孩子喜欢这门课。每次课后放学,看见孩子小心翼翼地捧着作品向我展示,那个得意的样子,我就知道她爱这门课。孩子学习泥塑已经有两个多月的时间了,她带回来的作品也是越来越精致,而且每次还都会跟我讲讲做这个作品的构思。

其次,锻炼孩子的动手能力和创造力。孩子的精细动作就在这一次次上课学习的过程中得到锻炼和提高。不要小看这些小玩意儿,它的制作凝聚了孩子天马行空的想象和创造。当我在家跟孩子一起做泥塑的时候,才发现制作中的选图配色也是有学问和技巧的。孩子选的颜色总是那么张扬和绚丽,而大人的思维总是难以跳脱固有的模式。

最后,希望好的活动继续坚持下去,让孩子们感受艺术的魅力,在游戏中学习,在学习中成长,在成长中成熟。期待每个孩子都成为小小的艺术达人!

刘千畅的家长

经过这几个月学习,泥塑活动深入到学校课程中,颇受孩子们的喜爱。它以玩为载体,在玩中渗透技能训练,在玩中寻找表现内容,在玩中进行师生互动,是一种轻松愉悦的美术活动。刘千畅对泥塑的感受是:好玩儿,有创造性,而且每完成一件作品都很有成就感。我们家长也认为泥塑的实际教育意义对孩子的影响很大。

首先,泥塑活动有利于学生实际操作能力的发展:泥塑用的材料是柔软的、可变化的,孩子不仅可以开发自己的想象力,将其揉成一团,分成小块,揉成任意形状的物体,而且也锻炼了动手操作能力。

其次，泥塑活动培养了孩子良好的卫生习惯：在泥塑活动中，要求把泥分别放好，不用的泥不能随便乱弄。泥塑后，老师要求孩子把作品放在指定的地方，使孩子养成了干净整洁、勤于收拾、讲卫生的习惯。

最后，泥塑活动有利用孩子智力和创造能力的提升：进行泥塑活动，孩子不仅仅开动脑筋，运用回忆，而且还利用想象，这对孩子智力发展起到巨大的促进作用，是最能锻炼孩子动脑筋的一种创作方式。

作为家长，我们应该多鼓励孩子，赞扬他的作品，孩子们在活动中感受其乐趣，享受其过程是最重要的，开启孩子的智慧大门，这便是孩子们进行泥塑创作活动的意义所在。

刘紫涵的家长

金色的九月，女儿迈着激动的脚步，迈入了小学校园，从小朋友摇身变为小学生。

入学不久，当我看到了女儿兴奋地托着一只愤怒的小鸟，并告诉我"这是我们泥塑课做的"，然后大谈泥塑过程和技巧的时候，作为家长，我感到非常高兴，这正是我觉得必不可少的一块儿内容。因为，当我回忆起童年的学校，不仅仅是老师、同学、学习和考试，更多的，还有我在各种社团的美好回忆。所以，孩子的兴趣教育这一项是我一直很重视的内容。

泥塑课特别能锻炼孩子的动手能力和观察能力，而且还能开发创新思维。听说这是"高参小"渗透到小学的课程，是有很多外部的高校师生来小学校园给孩子们上的美育课程。这种动用社会力量共同办学的方式真好，既可以拓宽学校的办学思路，又丰富了孩子们的学习生活。

希望"高参小"的这类活动能够持续进行下去，让孩子们在学习科学文化知识的同时，能够接触到更多可以开阔视野、提升人文素养和艺术欣赏能力的课程。希望孩子们的童年更加美好，也祝福重视教育的民族和国家更加和谐富强！

健美操社团——让生活充满艺术与活力

🐇教师寄语

班主任 王颖

本学期我们班选择的是参加啦啦操社团。啦啦操是健美操的一种，充满青春气息，不仅多元化的表演让人目不暇接，而且啦啦操更集团队协作、奋发向上、自信热情于一身，代表着张扬热烈、朝气蓬勃的精神力量。根据学生年龄的特点，即他们刚刚上一年级，比较喜欢活动，但是身体还不协调，故而啦啦操这项活动深受孩子的喜爱。

刚开始学生参加这项活动表现的不是很喜欢，而且觉得很困难，他们的动作非常不协调，班里只有个别女同学能做好，学得也非常快，但是通过社团老师耐心细致地教导和鼓励，还有同学们之间的帮带，孩子们越来越喜欢啦啦操，跳的也越来越带劲，并充满了自信和活力。

通过这次啦啦操社团活动，孩子们真正爱上了啦啦操，这样的活动使孩子们的身体更加健康、充满活力。培养了学生良好的思想意志品质，在面对困难时不抛弃、不放弃。训练学习中孩子们产生了强烈的求知欲，并且互相帮助、团结友爱、和睦相处，同时在获得成功的体验后会让他们感觉到个人努力是和集体分不开的，只有齐心协力、共同奋斗，才能为集体争光。

班主任 宋元领

为了丰富学生的课余生活，学校在课后一小时开设了健美操活动。我班学生的学习积极性很高，且很喜欢这项活动。学习健美操，让学生在枯燥的学习生活之余得以身心放松。每次上健美操课，不管孩子有多累，心情都会非常舒畅。教练教得很用心，一个动作都会认真地指导好几遍。孩子们在学习的过程中也会遇到很多困难，有时候会学一些难度较高的动作，由于身体的协调性和柔韧性不高，所以要不断地练习。但孩子们却能持之以恒地参与训练，甚至有的同学扭伤了脚还在坚持上课。这源自孩子们对健美操的深深的喜欢，和不愿被别人甩下的自强心理。健美操也培养了学生的团队精神，每次集体跳操的时候，大家都很团结，彼此帮助，各自发挥自己的长处，学习对方好的方面来弥补自己的缺陷。健美操还让孩子对舞蹈有了更深刻的了解，每次听音乐的时候，都会提高孩子对音乐的理解，乐感也得到了增强。由于练习健美操，跳舞也更有感觉了。

这次我班有很多孩子还将代表学校参加比赛，我预祝他们再接再厉，取得更大成功。

学生心得

我学会了健美操

侯宇宸　指导教师：齐婧

这个学期我参加了学校的健美操活动。

健美操是一种有氧运动，特征是持续一定时间的、中低程度的全身运动，主要锻炼练习者的心肺功能，是有氧耐力素质的基础。跳健美操有诸多好处，不仅能帮助我们有效的强身健体，而且还有减肥的功效呢。

我要好好学习健美操。

我学会了健美操

魏子皓　指导教师：齐婧

健美操是一项深受广大群众喜爱的运动。这个学期我很高兴参加了学校的健美操活动，还被选为队里的领队。

第一次领着大家做动作，我有点害怕，生怕自己做不好。可是做的时候，不知为什么，一点也不害怕了，老师还夸我做得好呢！可是之后的几节课，做动作时，老师对我的要求越来越严格了。我慢慢地和同学老师相处得都很好了。所以我感觉学健美操虽然很累却也是很快乐的。

我爱健美操

李秋孜　　指导教师：宋元领

我是一个比较害羞的女孩，不喜欢表现自己。可自从参加健美操活动后，我觉得自己变得活泼开朗了。只要欢快的乐曲响起，我就会变得活力四射。随着优美的乐曲，我尽情地跳跃着，一点儿也不觉得疲倦。我做事变得积极主动，变得更加勇敢了。我还代表班级参加了文艺汇演，精彩的表演受到了大家的好评。我觉得自己越来越自信了。这学期参加课后一小时健美操活动，并且代表学校参加健美操比赛。我一定好好努力，为集体争光。

学习健美操有感

王婉妮　　指导教师：宋元领

我是一个活泼开朗的小姑娘，从小就爱健美操——爱它的激情，爱它的活力四射。从一年级开始，学校就在课后一小时开设了健美操课程。我很喜欢这门课程，它锻炼了我的身体，磨炼了我的意志。练习健美操很艰苦，有时一个动作要练好多遍。虽然很苦，但我会坚持，不曾放弃，并通过努力取得了很大的进步。我还代表学校参加了文艺汇演，受到了大家的好评。今后我会再接再厉，争取更大进步。

我爱健美操

刘天露　　指导教师：宋元领

这学期我们班课外一小时时间练习了全民健身一级器械，这与我们上学期学习的有所不同。它不但有动作，还会使用一些辅助的道具。这段健美操节奏很快，我们不但要对自己的动作熟悉，还要大家动作一致，互相配合。学习健美操的时候，虽然辛苦，可我们都很高兴。等我将完整的动作都学会时，回家我会跳给爸爸妈妈看。我很喜欢这项活动。

冯悦　指导教师：宋元领

我很幸运地被老师挑选代表学校参加健美操比赛，心里特别激动，也特别高兴。健美操课一直是我特别喜欢上的"课后课"，我每节课都特别认真地对待，去年"六一"去"木偶剧院"表演，我在台上也是全力以赴的。这次为了更好地参加比赛，我们更是要刻苦的训练，几乎每天放学后都要训练，每节课都要反复练习每一个动作，虽然很累，但一想到是要代表学校去参加比赛，强烈的集体荣誉感就使身体充满了力量，我一定要珍惜这次展示自我，为学校争光的机会，不怕困难，刻苦训练，力争在比赛中有出色的表现，不辜负学校、老师和同学们的期望，加油！

家长感言

关于参加健美操比赛的感想

邹子鋆的家长

在孩子进入小学学习生活之前，我们从来没听说过"高参小"这个词。网上一番搜索才了解到，这是由北京市教委悉心挑选的一些高校与各区县的上百所小学结对共建的项目，旨在推动大学和小学双方在融合教学、课外活动、互动教研等方面的进步。

作为家长，我们很高兴看到，孩子所在的朝阳区黄胄艺术实验小学是对接的小学之一，孩子有幸能成为"高参小"项目的受益者。孩子刚上一年级，"高参小"项目给他们提供了健美操（啦啦操）这个课程。老师们带领孩子们熟悉每一个动作要领，认真地示范每一个动作。孩子说，老师们都很好、很亲切。我们也能够体会到老师在课上对孩子的鼓励和认可，因为孩子每次在家表演啦啦操给我们看的时候，总是表现得那么自信，而且随着时间地推移，表演的动作越来越复杂、越来越连贯。啦啦操是一项团体性的运动项目，对于刚进入小学的孩子来说，不仅可以锻炼身体、增强体质，更可以培养和增进孩子们之间的信任和团结，在嬉戏运动中，由陌生变得熟悉和友爱。

我们感谢"高参小"项目给孩子们带来的欢乐，特别感谢"高参小"项目曲老师（周一到周三），李老师（周四），袁老师、金老师、张老师的辛勤付出。由于只是听孩子口述，并未和老师们见过面，确实不知道老师的姓名是否写得正确，但不管怎样，我们感谢老师们！最后也感谢黄胄艺术实验小学的领导和老师，让孩子们能够有机会受益于"高参小"项目！

刘睿涵的家长

记不清是在哪一天，涵涵放学一进门就仰着小脸儿兴奋地告诉我们"啦啦操老师正在教我们做这些动作，好看又好玩，同学们学得可带劲了！"就这样，涵涵开始了他在家每天的"啦啦操汇报演出"，尽管动作还不熟练，但看得出他非常喜欢，而且每天都在进步。

后来，从老师那得知，这是黄胄小学"高参小"的一个活动，有一次偶然路过学校操场，看到孩子们在老师的带领下正一个节拍一个动作的认真学习，有时动作不到位，反复练习，孩子们一点也不怕辛苦，脸上始终洋溢着笑容。活力四射的一年级小豆丁们，个个信心十足、健康活泼、朝气蓬勃。动感的音乐、欢快的动作紧紧地扣着每位师生的心弦，大家都情不自禁地跳跃着、运动着，兴奋不已，整个校园洋溢着青春的活力。

运动真是一种快乐的享受，看见他们一次比一次进步，真心觉得他们"棒棒哒"。孩子们继续努力吧，跳出你们精彩的童年！谢谢"高参小"项目，让孩子们从中受益，感谢辛苦付出的老师们！

钟文的家长

这段时间，孩子在学校学到不少知识和本领，首先说学习方面，比如拼音开始写得不规则，声调标错，格式不对，经过这段时间的练习，比以前进步了很多，特别是生字，经过老师的指导和帮助，说句心里话比我们写得都完美。还有就是在学校老师教的啦啦操，每次在家展示的时候孩子显得格外兴奋，从心里面散发出自信。除了这些，啦啦操这个运动还能强健孩子的体魄。不管从哪方面我们都觉得孩子在学校期间学到很多事情，比以前也进步很多，从心里感到特别地自豪。在此我们非常感谢老师的辛勤劳动和对孩子的耐心教育，也希望老师多与我们联系，交流孩子的情况，使我们能够更好地配合你们的教育工作。谢谢！

王禄涵的家长

小学生活，对一个六岁孩子而言永远充满渴望与新奇！就在身边的朋友都在兴致勃勃地讨论孩子学校的课外活动课的时候，我也好奇地问孩子："你们的课外课是什么？""啦啦操！"——一个我完全陌生的词汇，但却是孩子首先认知的课外课。看着孩子在讲起啦啦操时，那灵动的眼神，兴奋的表情，我也被无形地牵引着，渴望更多地了解这个神秘的课外活动！于是我邀请孩子给我展示她的学习成果。孩子一连串有韵律的动作，既像舞蹈又像健美操，让我着实有些摸不着头脑。在孩子的提议下，我们决定一同上网寻找对应的音乐，配合节奏一起跳。费了很大力，才从众多所谓啦啦操的视频中找到了孩子所需的那一版。动感活力的音乐，强烈紧凑的节奏，变换快速的舞蹈动作，分明是使我这个成年人都有些望而却步的健美操啊！没想到孩子却跳得饶有兴趣，陶醉其中！孩子的成长似乎永远不乏惊喜！随着学习的动作越来越多，越来越复杂，孩子的表现欲也越来越强，没事便在家随意舞动起来。后来被选上了班级领操员后，跳得就更带劲了！就连在餐馆吃饭，也要展示一番！有时孩子跳得起劲，也会教我一些动作并邀请我一起和她跳。看得出孩子喜欢啦啦操，喜欢它的动感韵律，喜欢它的舞蹈动作，更喜欢它为自己带来的乐趣与成就感！爱屋及乌，家里人逐渐都喜欢上了啦啦操。小小的啦啦操，跳出了孩子们的活力，舞出了孩子们对于艺术的兴趣，增进了孩子对小学生活的喜爱，更激发了我们所有人对美好生活的向往！

宋含章的家长

当孩子背上书包踏入黄胄小学的大门，我在大门外望了很久，直到孩子小小的身影离开我的视线，才怅然若失地离去，孩子走进了人生中重要的求知大门，我是欣慰的，走在回家的路上，我更多的是思考：作为家长的我们该如何陪伴孩子走过人生的这一重要旅程？令人高兴的是孩子在进入校园两个月之后，越来越多地表现出了对校园生活的喜爱，喜欢老师、喜欢上课学知识、喜欢参加学校安排的活动，尤其是最近在"课外一小时"中学习的跳啦啦操！

还记得有天我下班回家之后，孩子像只兴奋的小鸟一样飞向我："妈妈，妈妈，今天老师教我们跳啦啦操啦！"然后迫不及待地向我展示他学会的动作，"一二三四，二二三四，胳膊要伸平，三二三四，胳膊要用力……"手脚比画，嘴巴也不闲着，还要当我的小老师，跟他一起动起来！美其名曰"妈妈要减肥！"于是，每晚家里就变成了小舞台，孩子跳啦啦操成了必演节目。他觉得每周一、三、四下午三点至四点在音乐室的一小时是他特别期待、特别盼望的时间。同学们也都享受这一时光，曲老师、袁老师、金老师也都成为孩子们的新偶像！

感谢学校为孩子精心安排了这么多丰富多彩的活动，感谢老师的用心付出，这些小苗苗正在大家的共同呵护下茁壮成长！

刘雪涵的家长

很高兴孩子被选上参加学校的健美操活动，可以参加这样的活动，作为家长我感到很开心。

参加活动队已经有一个多月的时间了，孩子每天练习完到家都会不早了，但是她从没有想过要退出，坚定地想要练习下去。因为到家时间晚了，学习写作业的时间就缩短了，不过正因为这样反而让她提高了学习效率，做作业的速度快了。通过练习健美操，孩子的体质得到了改进，协调能力也有了进步，和同学之前的关系也更加融洽了，并增强了集体荣誉感。

为人父母的我们不仅希望孩子文化学习好，也希望她在德智体美各方面都得到发展，孩子的改变和老师们的教育是分不开的，很感谢老师们辛苦的付出，以及给予孩子这样一个机会，提供这样一个平台，让孩子学习到了更多的东西，有了更多的收获。

赵佳的家长

首先感谢黄冑艺术实验小学开展这项活动，感谢老师们的辛勤付出。健美操是一项独立的体育项目，是一项非常优美的运动。通过这项锻炼，增强了孩子对音乐节奏的感受，使孩子能适应节奏提高感受力，并且它有益于想象力和创造力，还能培养孩子顽强的意志。健美操以其独特的魅力，吸引着孩子们克服困难，加以练习，并坚持下去，使意志力逐渐增强。良好的意志品质不是自发产生的，而是在教育和学习中形成的。在这过程中，它培养了孩子们遇到问题不放弃，持之以恒的精神。同学们积极地互相帮助、互相鼓励，这种同学间互相的关心与团结，培养了孩子们团结互助精神。

最后，希望孩子伴随着轻松动感的音乐，做着优美的动作，去享受健美操运动带来的快乐。

李秋孜的家长

这学期李秋孜参加课后一小时健美操活动，并且代表学校参加健美操比赛，相信这是孩子一生难忘的一次经历。

李秋孜平时是一个比较害羞的孩子，自从参加健美操活动后，做事变得积极主动。健美操塑造了她勇敢的个性，更加解放了孩子的天性！在练习过程中，它让孩子知道自己不足之处要改进，同时，知道自己优秀的一面要保持，让孩子有一定的成就感，并产生自信心！

　　作为家长，我们也会保持好的心态，鼓励孩子。非常感谢学校和老师给我们这次机会！

王婉妮的家长

　　王婉妮参加高校组织参与的课后一小时健美操活动，我感到非常荣幸，感谢学校和老师给了这个机会。她是一个认真并且能吃苦的孩子，只要认定的就会努力完成。学健美操的这一段时间，她回家也经常练习并跳给我看。我觉得健美操的内容丰富新颖，韵律感很强，孩子跳起来感觉很优美很活泼，她也变得相当自信了。一段操跳下来，各种动作的变换不光使身体得到了锻炼，还能增强身体的协调能力和大脑的记忆力，对于提高毅力也有很大帮助。因为大家在一起跳，团队意识也得到了加强，婉妮和同学们相处得都很融洽。我觉得孩子很适合学习健美操，这对于提高身体素质，提高集体意识，陶冶情操等各方面都有积极的作用。她很喜欢跳，也很珍惜这个机会，我们会全力支持的。

李皓文的家长

　　北京黄胄艺术实验小学是一所艺术与教育相结合的学校，李皓文有幸参加了"高参小"项目——健美操课程的学习。这是北京黄胄艺术实验小学与北京联合大学共同为孩子们精心准备的"课后课"。

　　作为一名学生家长，首先感谢老师们的辛勤付出！这是学校开展特色教育的新举措。李皓文通过参加健美操课程，性格变得越发开朗，不仅增强了体魄、还锻炼了肌体协调性，体会到和团队合作的重要性，在日常生活中做事情更加专注。

　　梦想是自由的云，少年是广阔的天，追求是翱翔在蓝天白云之间的勇敢的雄鹰！作为一名家长，我希望李皓文通过参加健美操课程不断地超越自己，提升艺术素养和审美意识，成为一名"德、智、体、美、劳"全面发展的好少年！

硬笔书法社团——笔底精神尽显浩然气

🎗️教师寄语

教师　孙广萍

书法是我们国家的艺术瑰宝，硬笔书法是书法艺术花园中一朵璀璨的奇葩。汉字的书写，落笔的轻重，结构的疏密，运笔的缓急，气势的强弱，均有章法可循，训练小学生遵守汉字书写规律，便是"有纪律"。

进入小学，孩子其实从内在已经做好了学习的准备，这个陌生而又神奇的世界对他们来说是充满吸引力的。在这个阶段，很幸运的，孩子与书法相遇了。在这个过程中首先需要学习的就是正确的执笔运笔姿势，以及执笔轻重的调控与书写坐姿。

从此，从幼儿时期的随意涂鸦，到要求坐姿，要求握笔姿势等每一个细节，对于孩子来说是个新的习惯形成的过程。这个过程是缓慢

小小炎黄艺术馆

的，是艰难的，也是有效的。在这期间，孩子的书写姿势，握笔姿势得到了很大的提高。在这个年代里，能静心坐下来写字的人并不多，孩子能有一个好的开始，可以养成良好的写字习惯，培养好的气质，实属幸运。

然而，这仅仅是一个开始。要想写好字，还要提高审美意识，即知道字写成什么样才比较好看，为什么好看。孩子年龄还小，一切都在成长当中，兴趣与内在的动力才是孩子们学习与成长的核心。不可急躁，不可急于求成。因为这还需要控制笔的能力，也即运笔基本功。有了一定的审美意识和一定的基本功，那才能写好字！无论是提高审美意识，还是加强基本功的训练，都要求平时多看、多写、多琢磨，做到眼到、手到、心到。练字没有任何捷径可走。这是一个长期的过程，需要不断地坚持，不能一蹴而就，孩子的成长才能螺旋式的上升，不浮于表面。

让孩子爱上写字，让孩子在这份静谧中体会到书写的乐趣，即我们的追求！

🐿家长感言

王林蓣的家长

班级开设了阳光一小时社团活动之"硬笔书法社团"后，一天孩子回家拿出田格本，让我欣赏她写的字，我瞪着眼睛说，你写的吗？孩子骄傲地笑着说，是啊，我们上硬笔书法课写的。王林蓣说，我觉得学习书法后我会写的字多了，写的字越来越漂亮了，而且认得字也多了，我很喜欢书法课。

开设这样的书法社团课是非常有意义的，作为家长非常支持学校的各种社团活动，丰富的课外活动能促使孩子综合素质的提高。在培养孩子的书写能力时，还要让她培养兴趣，充满信心，端正态度，百折不挠。学习硬笔书法不是一两天的事情，当孩子遇到困难时我们会帮助她克服困难，使孩子沉住气坚持下去，不半途而废。

不过本人略有点小担忧，一年级的孩子刚刚学习一些简单字的书写，对写字也充满了好奇心，很爱写，每写一个字孩子就很有成就感。但是一个重要的问题是好多字笔顺复杂，怎么能保证孩子的书写笔顺是正确的呢？（这个疑问从开始知道孩子有书法课就有了），不知我的担心是否是多余的呢？

感谢学校和老师们为了孩子的学习和生活付出的辛劳，谢谢你们！

陈玄钧的家长

俗话说，"字如其人"，就是说我们每个人的文字都是能体现个人修养、性格、学识的。同时也是一个人的"第二外貌"，就是能写得一手好字，对于一个学生来讲能受益一生。孩子参加"硬笔书法社团"是他的幸运。

翻开陈玄钧的练字本，真得让人眼前一亮。不禁让我想起自己小时候，爸爸也是这么抄好字头给我，让我照着写。

自己由于长期使用电脑，提笔就忘字，而且很多字的间架结构也一团糟，于是决定请儿子当我的老师，让他手把手地教我，然后耐心地告诉我每一笔都要顿下去，这样写出的字才会看起来漂亮有力。

学生在小小炎黄艺术馆练习书法

在我们的眼里，玄钧因为练字得到的表扬及肯定，不但让他对自己自信十足，更是帮他练就了安静沉稳的性格。希望他能保持这个好习惯，多请教老师及周围的同学，写一手漂亮的中国字。

吴梓煜的家长

吴梓煜很喜欢参加硬笔书法社团活动，书法是中国传统文化中的精髓，学习书法不仅能磨炼人的意志，提高人的审美能力，更重要的是可以提高人的内在素养。小学生更应该要养成正确的书写姿势和良好的书写习惯，初步感受汉字的美，通过书法训练达到在书写中体会汉字的优美，体会书法的审美价值等。

通过这两个多月参加"硬笔书法社团"的学习，我感觉到孩子写字有了很大的进步，首先是写字姿势有了改变，原先拿笔姿势不是很规范，但是现在回来会跟我们演示老师要求拿笔姿势是什么样的，写字时也会比较注意。其次是写字的态度有所改善，能看出孩子的努力。虽然离老师的要求还有一定的差距，不过我相信只要不断地练习，肯定会越来越好的。

另外给老师提一些建议，希望能根据小学生的年龄特点，讲一些古代大书法家学习书法的故事，或者汉字演变的故事，通过生动的故事，可以让他们明白道理，学到知识，从而引发他们对汉字的喜爱，增加学习汉字、学习书法的兴趣。

以上是我的一点感受，最后感谢老师们对孩子的付出和教导，谢谢！

张一腾的家长

张一腾自从参加了学校组织的硬笔书法社团活动以来，在写字上面有了不少的提高，知道了字的美与丑，一点一点改正了自己的书写顺序，不仅对写字有了兴趣，也在写字当中慢慢变得细心，提高了自己的注意力。

这次学校组织的社团活动，对于孩子来说非常有意义，非常及时，让孩子在初识汉字的时候就打下良好的开端与基础，这样不仅可以巩固识字，并且长期认真地写好每一个字，还可以陶冶情操，形成审美意识，养成良好的习惯。写得一手好字也是个人自我文化素养的体现。孩子自己也说："经过几次硬笔书法书写，我认识了很多字，了解了字的笔顺，了解了字占的格的位置，知道了字的笔画。它还使我懂得写字要注意什么，感谢字帖对我的帮助。"

希望孩子们有更大进步，在写字当中养成自己良好的学习习惯！

舞蹈社团——文"舞"相融，德艺双馨

教师寄语

班主任　刘毅

学校为了丰富孩子们的课余生活，培养孩子们的兴趣爱好，激发孩子们的想象力，陶冶孩子们的情操……与北京联合大学组织了"高参小"项目，为孩子们开设了国画课、合唱课、舞蹈课、小品课、泥塑课等丰富的课外活动，让每个孩子都有体验的机会。我们班的学生参加的是舞蹈社团的活动。舞蹈对于女孩子来说是很有吸引力的，但是对男孩子来说，做起来就有点扭捏了。刚开始学的时候，很多男孩子退缩了，他们觉得跳舞是女孩子的事，尤其还是芭蕾舞。得知了这个消息，我决定改变他们的想法。我利用了很多课外时间组织学生观看各种舞蹈表演，让孩子们充分感受到了芭蕾舞的优美，以及芭蕾舞曲的动听。通过我、舞蹈老师以及家长的动员，激起了孩子们的舞蹈兴趣。通过孩子们的不懈努力，在"六一"儿童节的表演上，孩子们用心的表演打动了在场的每一位观众，大家都在为孩子们喝彩。

通过简单的舞蹈动作，通过编排、孩子们的用心表演，让我们得到了一个视觉和心灵上的享受。这是我们应该珍惜的，我们应该用心来欣赏他们的表演，这不仅是对他们的最大的赞赏，更是让我们有了心灵上的释放。

学生心得

郭晓萌　指导教师：刘毅

我们从一年级开始就参加了课后一小时的舞蹈表演。我学习到了很多的舞蹈知识，像芭蕾舞的手位，还有小燕子、两只老虎和芭蕾圆舞曲。那些歌曲真好听。今年又学习了拉丁舞，跳起来真好看！

朱峥灏　指导教师：刘毅

我从一年级开始学的跳舞，一年多的时间学到了很多知识，身体的柔韧度也有了很大的提高。"六一"时，我们表演了芭蕾圆舞曲，老师还给我们刻成了光盘。今年我们学习的是拉丁舞，也学到了很多的知识，大家跳得也都非常认真。

尹景睿　指导教师：刘毅

一年级的时候我们学的是芭蕾舞。当"六一"儿童节我们在台上表演节目的时候，我第一次体会到了当时老师给我们讲课，帮我们排练节目时是多么辛苦。我非常感谢老师。老师教会了我们很多的舞蹈知识。

张子妤　指导教师：刘毅

一年级是我第一次学习跳舞。在舞蹈教室见到舞蹈老师的时候，我非常高兴。一天天过去了，我们非常认真地练习跳舞，在"六一"儿童节的时候，我们全班同学一起给很多的家长和同学表演，我感到很自豪。今年我们学习的是拉丁舞，虽然还没有给老师和同学们表演，但是没有关系，我相信经过我们的努力，我们一定会完成得很出色。

李芊慧　指导教师：刘毅

从一年级开始我们就参加了舞蹈社团的学习，学习的是芭蕾舞。今年二年级了，我们开始学习拉丁舞。刚开始学的时候，我非常高兴，但学了一段时间后，我就发现拉丁舞看起来很容易做起来可就不那么简单了。但是我相信，只要我能坚持下去，我就一定能够成功。

🐿 家长感言

蒋奕轩的家长

学校为了丰富孩子们的课余生活，培养孩子们的兴趣爱好，激发孩子们的想象力，陶冶孩子们的情操……与北京联合大学组织了"高参小"项目，为孩子们开设了国画课、合唱课、舞蹈课、小品课、泥塑课等丰富的课外活动项目，让每个孩子都有体验的机会。为孩子们配备专业的指导老师、提供专业的活动教室、购买专业的活动用具，真是考虑得非常周到。

我的孩子参加的是舞蹈课，三个学期里，不但了解了芭蕾舞和拉丁舞的一些简单知识，还学了这两个舞蹈的基本舞步和舞姿。

孩子学习芭蕾舞的站位，回来给我们表演；学会了拉丁舞恰恰的一些舞步，回来给我们展示，给我们这个缺乏艺术细胞的家庭增加了不少快乐，给孩子也做了一些舞蹈启蒙。

在今年"六一"艺术节上，全班的孩子还跳了芭蕾圆舞曲，做了学习成果汇报演出。看着孩子们优雅的舞姿，演出后的欢呼雀跃，家长心里也是无比欣慰。

感谢老师们为了孩子的成长无私地、辛苦地付出。

陈思楠的家长

自从黄胄艺术实验小学与北京联合大学联合为孩子们准备拉丁舞课程以来，随着课程的深入，孩子的心智逐渐走向成熟，生活中更加关注细节，对美的事物格外地留心了！孩子在家中站在镜子前反复练习舞步。这段时间以来，孩子性格更加乐观，对生活中的事物观察更加细致了，也更能理解我们的想法了。

以前孩子从没接触过舞蹈。只是去少年之家看到一些同龄小朋友在教室里翩翩起舞，特别是看到那些小伙伴们脸上自信的笑容，孩子内心便充满渴望：真的好想像她们那样，用优美的肢体语言展示心中的梦想，用优雅的舞步表达出内心的激情。

自从黄胄开展了舞蹈班，班里的同学都在一起上课练习，一方面孩子们实现了梦想，彼此之间也增进了友谊！同时欢乐的音乐也陶冶了小朋友的情操。

感谢各位老师不辞辛苦，孜孜不倦的教导！

李芊慧的家长

女儿参加学校组织的舞蹈训练已经一年多了，她可喜欢了，唱歌、跳舞是女孩子的天性嘛。学校请来专业的舞蹈老师来指导孩子们，从小就让他们接受美育教育而且还长期坚持，让他们知道什么是美，怎样欣赏美，怎样学习美，这对孩子的成长是十分有益的。

女儿通过这一年多的学习也有了很大变化。记得有一次她和我聊一些她们上舞蹈课的事，她告诉我她的一个同学的动作做得好，她就向她学习；有个同学的一个动作做得不好，女儿自己也是这么做的，她就赶快帮同学改过来。女儿一边学还一边演示着，可认真了。我看了很高兴，女儿能够发现美，欣赏并学习美，这可真是不小的进步呀。看到女儿可喜的变化，我作为家长真心的高兴，同时也真心感谢学校、感谢老师们对孩子付出的心血和长期的坚持。

朱鼎森的家长

对于学校开展了课后一小时的辅导班，每个家长都有着不同的想法，作为朱鼎森的家长，我觉得学校开展的课后一小时舞蹈课非常的好，不但可以锻炼孩子们的体能，而且还可以提升个人的修养和气质，也曾经和孩子一起聊过关于舞蹈的话题，孩子表示还是非常喜欢学习舞蹈的，而且孩子告诉我他还是舞蹈课的课代表呢！

回想起今年参加孩子们的"六一"儿童节，在那一刻看着孩子们穿着整洁的舞蹈服，一个个排着整齐的队走上台，在音乐的旋律下翩翩起舞，像一个个白天鹅，觉得真的太棒了。本不太喜欢跳舞的孩子竟然可以很帅气地和同学们一起跳舞更令我惊喜。

现在孩子学的舞蹈种类越来越多，有芭蕾和拉丁，孩子都非常喜欢，而且学校还为孩子们配备了专业的舞蹈鞋。希望学校能开设更多适合孩子们的课外班，让孩子在玩中学到更多的课外知识，丰富孩子的课外生活。

心理社团——在专注、想象与创造中成长

🐌教师寄语

班主任 王颖

每周的课外活动，我们班开展的是"高参小"的心理社团。这学期，开设的是《饮食心理健康》内容。课堂上，孩子们通过参与丰富多彩的活动，进行学习。在活动中，也受到了潜移默化的积极的影响。大胆地展示自我，放飞自己的想象力，积极发表自己的观点。

一、用活动吸引孩子，帮助孩子克服恐惧。

"六一"的演出正在紧张地排练之中，我们每一个学生都有一个角色。但是，班中一个小女孩，胆子比较小，在人多的时候，就不敢说话。当老师们开始准备排练心理剧，分配角色时。全班只有她一个孩子不愿意参加。课上课下找她谈，鼓励她她还是直摇头。我们也尊重了她的想法，先让她当啦啦队员，为同学们加油。我想：她可能胆小，不够自信，让她看看其他同学的表演，也许她会有兴趣，会来尝试一下的。过了一段时间，当我又一次询问她是否愿意参加时，她竟然同意了。有趣的台词，夸张的表演，引起了她的兴趣，我想：是心理剧打开了孩子的心扉，于是她克服了恐惧，融入集体当中。

二、饮食心理——改变学生的饮食习惯。

"六一"儿童节的汇报演出后，一位家长在活动感受中写道："冉欣怡表演的是鸡蛋大王，其中有句：'我们是鸡蛋大王，我们含有丰富的蛋白质，几乎含有人体必需的所有营养。'之前她不太爱吃鸡蛋，结果第二天立刻让我给她煮了白水蛋做早餐。这个活动让孩子也学到了很多关于饮食健康的知识，非常受益。"

在学校午餐的时候，我发现班中的一个"小胖墩"，以前特别爱

吃肉，每次打饭都告诉我多盛点肉。在他们学习过《饮食搭配》，自己动手搭建饮食金字塔后，他知道了要多吃蔬菜和五谷杂粮。从那以后也不让我多给他盛肉了。我问他你怎么不要老师多给你盛肉啦？他说："肉好吃也不能够贪多，要多吃蔬菜，才健康。"

三、微信群展示心理社团的风采。

作为班主任老师，在活动课上，我主要职责是负责协助心理老师。维持课堂纪律，协助活动开展，拍照留念等。在心理老师刚上课时，维持课堂纪律比较费劲，于是我便分享给他们一些我常用的小妙招，让他们能顺利驾驭课堂的组织教学。例如，孩子们很喜欢上心理课，都想回答问题，有时就会不举手直接说出答案。课堂一片混乱。我建议老师提出课堂要求，并严格执行。比如：上课发言先举手，老师同意再开口。用对口令的游戏，1、2、3请坐端，让孩子们马上安静坐好。经过磨合，老师们的课堂教学也比之前顺利多了。

在排练心理剧时，帮助孩子们抠动作，练台词，叮嘱孩子回家练习，带孩子们外出排练。我及时把孩子们的彩排、演出的照片分享到班级的微信群，家长们看到孩子们的表现，都很高兴，觉得孩子们排练心理剧也是一次锻炼和成长的机会。有了家长们的支持和理解，我再做工作时，顺利了很多。我想：家校协同开展工作，一定能把班主任工作做好！

🐌学生心得

赵镱淇　指导教师：王颖

课后一小时，我上的是心理课。心理课主要培养的是小朋友的记忆力和观察力，通过玩中学的方式来激发小朋友的潜能。

例如，我们做过一个游戏，老师给我们一张图，30秒时间观察，最后老师就这张图提出问题，我们争先恐后地举手回答，回答正确奖励小星星。我们还玩过击鼓传花，这是我最喜欢的游戏。这个游戏的规则是：老师首先传出一个物品，然后放音乐，音乐一旦停止，这个物品落在了谁的手中，谁就要表演一个小节目。同学们有的猜字谜，有的背古诗，还有的跳舞，可热闹了。我们还玩过这样一个游戏，老师在电脑上放一个图形。例如，一个六边形，然后让我们发挥想象，在一张纸上把这个图形进行加工，可以变成什么其他的东西，我就把它先加上一个底座，再涂上紫色，变成了一个漂亮的水晶球。

通过这些小游戏，我的观察力和想象力都增强了，我很喜欢上这个课。

安奥伦　指导教师：王颖

在去年的心理课上，我们排练了活力早餐的心理剧，我在剧中饰演了鸡蛋大王。老师给我们设计了台词，制作了头饰，购买了漂亮的服装。经过2个多月的辛苦排练，我们终于演出了。我很喜欢这个心理剧，它告诉我们要合理搭配饮食，不能挑食。以前我不喜欢吃鸡蛋，现在我知道了鸡蛋含有很多的蛋白质，我就开始吃鸡蛋了。

余秋贤　指导教师：王颖

今天下午的心理活动课有三项内容。一是举手说名人名言；二

丁华老师在上课

是猜谜语；三是做书签。这三项内容我都积极参与了。我说了句杜甫的名言"会当凌绝顶，一览众山小"，并说了该句的意思，我真高兴。老师还教我做了个漂亮的书签，我很兴奋。通过上心理活动课，锻炼了我的胆量和动手能力，我越来越喜欢上丰富多彩的心理活动课了。

张铂炘　指导教师：王颖

上了一年级，我们每周都上心理活动课，我非常喜欢上活动课。在课堂上，我们做了很多的游戏，有推理，有击鼓传花，有放飞想象。我还锻炼了动手能力，制作了书签、贴画、钥匙扣。活动特别丰富，希望以后还能继续和老师一起学习。在上学期，我们还表演了心理剧，我饰演了小红。在这个活动中，锻炼了我的胆量，在那么多人面前表演，都不害怕！

付博文　指导教师：王颖

我们这学期继续参加心理课，老师通过各种游戏让我们在游戏（玩）中了解生活、获得知识，在学习中游戏，从而达到开发智力、强壮体魄，实现身心的全面和谐。

比如通过击鼓传花游戏，锻炼我们反应的灵敏性，鼓励我们在同伴面前大胆表现自己，同时让学生们感受到玩游戏的快乐；老师还教我们自制贺卡的方法，培养实践操作能力和审美情趣；自制名片的游戏，启发学生们大胆想象，在哪些场合需要自我介绍；认识物品的游戏中，培养同学们的记忆力等。

心理课上的这些游戏都是我们最喜爱的！

张居尚　指导教师：王颖

去年的心理活动课，我们学习了很多关于饮食健康的心理知识。我知道了不能喝碳酸饮料，对牙齿不好。课上我们制作了饮食金字塔，我知道了不能多吃盐油，要多吃五谷杂粮。课上我还知道了蜂蜜水、柠檬水和茶水是天然的饮料，我们可以多喝一点。不能挑食，不能多吃肉。身体健康才能好好学习！

国画社团——以墨色唤醒对艺术的传承

教师寄语

教师　齐婧

自2014年起，我校有幸参与市教委和北京联合大学举办的"高参小"活动，在参与活动中，我感受到孩子们的快乐，也见证了他们的成长。

国画这项中华传统艺术虽然博大精深，但是对于一二年级的孩子们来说却是极其陌生的，这些朝气蓬勃的大学生们，将这门陌生的艺术带向了孩子们。在一小时的国画课上，孩子们和这些"小老师"们相处融洽，本着兴趣第一的原则，老师们针对低年级孩子的特点进行了深入思考，把传统国画技巧和简笔画做了巧妙的结合，把一些结构复杂的物体简单化，"白菜、稻谷、狐狸"一系列生动有趣的物体通过简单的线条勾勒出来。老师们不仅仅在设计上思路巧妙，对待学生

六年级学生走进中国国家博物馆参观

也是很有耐心。我班的学生小淳在听课时没有掌握绘画技巧，总是把宣纸洇湿，我发现这个问题后建议小淳回家后自己多加练习，但是效果却不佳。在国画课上，当老师发现这个问题后立刻过去进行了手把手的指导，从如何蘸水、洗笔到调色，画图，无一不是亲自示范并加以指导。看到小淳有一些进步后，我也上前进行鼓励，并在旁辅助指导，并且帮助他找了一位同学做"小师傅"，就这样，一笔一笔，小淳学会了如何蘸水，如何上色，最终掌握了国画的技巧。

教师　孙丽萍

又到了学生们喜欢的国画课时间了。

听到下课的铃声，大家都迫不及待地收拾好书包，迅速地跑到楼道里排好了队，嘴里还小声地议论着："不知道今天老师会教我们画什么，好期待呀……""小豪同学，快点收拾书包呀，你喜欢的国画课就要开始了，大家都在等你呢！"就在这时，数学老师走进来了，微笑着对小豪说："你今天的课堂作业还没有完成呢，快点写，写完了交给我，才能去上国画课！"本来满心欢喜的他，脸上一下子就没有了笑容，小嘴儿一噘，极不情愿地拿起笔，开始写起数学题来。我走过去小声安慰他说："以后上课就要抓紧时间写作业，你就能按时去上国画课了，好吗？"他低着头，小声答应着，我转身走出了教室。结果那一天，因为一直在补作业，他没能去上国画课。

晚上，小豪的妈妈给我打来了电话。"老师，今天小豪表现怎么样？我看他的情绪不太好？""是吗？大概是我给表现好的孩子，每个人发了一块我从南京带回来的桂花糖，是不是没有给他的缘故，您问问？"一会儿小豪的妈妈给我回话："他说不是，是因为今天补习数学作业，没能去上国画课。""知道了，明天有时间我和他聊聊。"

小豪有时上课注意力不太集中，有时作业不能及时完成，甚至经常坐在那里一笔不写，只有感兴趣的事情才能吸引他。他曾经和我说过，他最喜欢画国画，因为画画的时候他最开心，也最专注。

第二天，我找到小豪，问了他昨天的情况。我耐心地对他说："老师知道你特别喜欢上国画课，画的也很不错。如果你想每次都能按时参加，你能抓紧时间完成各项作业吗？"他看了看我，小声说："只要能让我去画画，我保证以后快点写作业，行吗老师？""老师答应你，只要你尽力了，差一点没有完成我都让你去！"话音刚落，就看到小豪的脸上立刻露出了笑容。从那以后，他一天比一天有进步，人也开朗了很多。

看似很普通的国画课，却牵动着小豪的心，也让他改变了。

学生心得

韦一　指导教师：齐婧

这个学期我参加了学校的国画班，起初我相当没兴趣，且老是画走样，明明是棵白菜，差点画成了大树，明明是条恐龙，却画成了怪物……后来，老师教我们先起稿，再画画。我按照老师所说的去做，不到一个月，画画水平渐渐地提高了。现在我已经越来越喜欢

我们和名人在一起

画国画了。

杜元熙　指导教师：齐婧

在我学过的绘画方法中，最令我感到神秘的要算国画了。简单的水、墨、笔和宣纸，既能画花鸟、山水，又能画动物和人物。一支软软的毛笔，配上墨的浓淡，就可以把大千世界表现出来，不但可以形似，还可以给人一种神似的感觉。更神奇的是画在纸上的墨和颜料，遇水不会掉色。国画真不愧是我国的瑰宝。

金锡明　指导教师：齐婧

参加学校国画班已经快一个学期了，绘画已经成为我的一项爱好。每当我高兴的时候，我会想起画国画；每当我累的时候，我就会画国画；每当我不开心的时候，画国画会使我忘掉烦恼……画国画带给我的是轻松和喜悦。

于超然　指导教师：孙丽萍

在一年级开始上国画课之前，我连国画是什么都不知道。杨老师在每次上课的时候，都会随身带着一个点名册，她说："每一个小朋友，在课堂上表现好的时候，我都会给他一颗小爱心，当小爱心攒够7颗的时候，就可以换一个小礼物。"那个时候，我为了攒够7颗小爱心，认真听讲，非常努力地画画，连画上的名字都写得工工整整。但渐渐的，我已经不太在意攒爱心的事了，我已经喜欢上画国画，看着墨汁在纸上慢慢地散开，就像天上的云朵一样，千变万化，特别的奇妙。还能让我把一些说不出来的想法用笔画了出来。每次画完画，我都感觉自己的心情很舒服、很清净。学国画让我变得更加自信，也让我的学习变得更有乐趣了。

范一　指导教师：孙丽萍

我从一年级开始画国画，刚刚接触到毛笔、宣纸、墨和国画颜料的时候，心里很兴奋，感觉水和墨在宣纸上能够带给我神奇感受！

开始画的时候，总也掌握不好水、墨的比例，不是墨多了，变成黑疙瘩；就是水多了，没有颜色；也经常是手上，脸上，衣服上都是墨迹和颜料，同学们都互相看着，笑着，个个像只小花猫。

我刚开始画，不敢下笔，老师总是耐心地，手把手地教我一笔一笔地画，还不断鼓励我"你真棒，加油！""下次一定画得更好！"使我从一开始不敢下笔，不会画，到后来大胆地画，并且画得越来越好，还参加了"高参小"汇演，这使我对国画产生了浓厚的兴趣。

画国画也培养了我收拾东西的好习惯。老师在课前为我们准备好了一桶清水、颜料盘、宣纸和毛笔等画画用品，下课后，我们自己主动将毛笔、水桶、调色盘清洗干净，放到老师的讲台上，码放整齐，以备下次用。所以在家里，我也养成了收拾东西的好习惯。

每当完成一幅作品，受到老师表扬或鼓励时，我的心里别提多美了。我想我会一直画下去，争取画得更棒！

我们和爷爷奶奶学书画

程子勋 指导教师：孙丽萍

11月11日，我们的国画老师教我们画老鹰，老鹰要好几步才能画成，还有石头和树。

老师告诉我们，老鹰要先画脸，再画身子，然后画脚和尾巴，最后画眼睛和嘴。大石头比较简单，画个圆圈就可以了。树也几步就画完了，先画两三个树干，再画几根树枝，最后再画叶子。

最后别忘了涂色：老鹰的身体要用黑色去涂，石头的下面涂上蓝色，树叶是橙色的。

涂完色，写上名字，就全部画好了。老师非常耐心地指导我们，让我们的国画学习非常轻松，我们又度过了美好的一天。

郭梦曦 指导教师：孙丽萍

我很喜欢国画班，因为我觉得画国画很有趣，五颜六色的水彩在白色的纸上不一会就能把我想画的东西展现出来。还记得我第一次上国画班的时候，我旁边的小朋友在涮笔的时候，不小心甩到了我画画的纸上，在纸上留下了一个一个的小黑点，我非常难过，于是我找到了老师，老师帮我稍作修改后，这一个一个的小黑点竟然成了我这幅画中最美丽的小泡泡，使我的画变得更漂亮了，同时也增强了我的想象力和我的自信心。这使我更加喜欢上了国画班，我每天都很期待下午的国画课。

李德润 指导教师：孙丽萍

我叫李德润，今年7岁了，以前在上幼儿园的时候就喜欢画画，小猫、小狗、汽车、白云都是我喜欢画的蜡笔画。一年前上一年级时，第一次接触国画，墨汁也能画出山水鱼鸟，小桥流水，哎哟！浓墨淡彩、惟妙惟肖太传神。我痴迷、神往极了。

星期一下午第三节上课铃响了，我兴致勃勃地坐上座位，我喜欢的国画课开课了。赵老师、杨老师说今天教我们画白鹤，白鹤先画身子，用浓墨，再画……老师一边画一边说出技法。我琢磨后开始动

蒋校长和艺术家冯帧

笔，画着画着不会继续画了。这时候赵老师走到我身边，她慢慢地引导我。哦，如果没有她们，我就迷失在前行的路上，一直徘徊，一直不前……

我在画画时也会经常想起老师们说的，要抬要快不要洇……老师，您是我国画艺术的启蒙，我受益匪浅。同时也感谢学校给我们提供这么好的机会。希望在你们的谆谆教导下，勤奋学习，为我加油鼓劲吧！

谢伊真　指导教师：孙丽萍

我是谢伊真，是国画班里的一员，我非常喜欢画画。平时在家时，爸爸妈妈经常带我去参加一些跟绘画有关的活动，还经常带我去美术馆参观。看到那些画家们栩栩如生的美术作品，总让我感到心里有一种要拿起画笔的冲动。

每次在学校参加完国画班的活动后，回到家总要向爸爸妈妈炫耀在国画班里的活动：今天画的是梅花，那天画的是柳树，还有一天画的是老鹰。

在国画班里，老师总是很有耐心。记得一年级时，有一次画柿子，一开始我总怕画错，不敢下笔，老师亲自扶着我的手，一笔一笔细心辅导。在下课时，我自己画的柿子还得到了老师的表扬。

我喜欢画画，我喜欢国画，每次在国画班里我的心情都很激动，我要坚持画下去。

/三/ "六一"汇演家长感言

范一的家长

2015年6月1日是一个令人难忘的日子，是孩子们最快乐的时刻，因为他们迎来了自己的节日——"六一"国际儿童节。

今年正值孩子们刚刚进入小学，学校领导、老师特别邀请每位学生家长与孩子们一起联欢。

学校安排专车，送我们来到和平西街的礼堂，家长和孩子们兴高采烈地观赏由北京联合大学与黄胄艺术实验小学特色项目建设阶段性成果汇报演出，暨2015年黄胄艺术实验小学"六一"文艺汇演。

活泼欢快的开场舞：小苹果，由一年级（4）班全体同学表演，带来无尽活力，现场气氛非常活跃，台下的孩子们一边拍手一边跟着唱，身体跟着节奏一起摆动。

接下来是一年级五班的插花"绘"忆录，由指导老师上台讲解，展现孩子们的绘画作品。

第三个节目是由一年级（2）班全体同学带来的心理剧：我的活力早餐。该剧生动地告诉孩子们早餐的重要性和早餐应该怎样吃更营养、更健康，同学们在生动的表演中获取了健康知识。

第四个节目是一年级（1）班全体同学带来的舞蹈：芭蕾圆舞曲，各位"小王子"和"小公主"穿上礼服，在悠扬的舞曲声中，跳得很优雅，令大家耳目一新，并赢得了阵阵掌声。

接下来是最激动人心的时刻：到了我们二年级（3）班国画展示的环节，由美丽大方的国画老师——赵滑老师上台讲解。赵滑老师正发着高烧，带病与孩子们一起过儿童节，为孩子们庆祝节日。老师为每个孩子制作图片，配上孩子的作品和孩子的特点，可谓用心良苦。赵老师动情地说：也许下学期自己就不能再教孩子们国画了，他很喜欢这群学生，孩子们很有天赋，很努力，他非常舍不得离开孩子们，所以带病也要来和孩子们联欢，不放弃每次和孩子们相处的机会。老师几度哽咽，泣不成声，家长和孩子们也跟着老师流下了热泪，并齐声说："老师我们更爱您。"

最后在《青春飞扬》的啦啦操表演中结束了这次汇演，汇演结束后，学校还安排各班家长与孩子们一起合影留念。还观看了一场《多啦A梦》大电影，孩子和家长们在学校领导的精心安排下，开心地度过了上小学后的第一个"六一"国际儿童节。

通过参与这次活动，我深深地感受到学校为孩子们的付出，新的校长带来了新的教学理念，减轻孩子的学习负担，让孩子们有更多的时间走出校门，走出家门，去感知外边的美好世界；提供各种机会，让家长与孩子们互动，使家长全面地了解孩子在学校的学习成果。

我只想说：感谢黄胄学校的领导和老师们，更感谢我们的好老师——班主任孙老师，正是你们的辛勤付出，才有孩子的每一次进步，您培养了孩子良好的学习习惯、生活习惯，为今后的学习、生活打下坚实的基础。

感谢黄胄艺术实验小学，感谢孙老师！我会积极配合学校和老师的工作，我们一起加油！一齐为明天喝彩！

郭梦曦的家长

6月1日，孩子们的节日，童心未泯，我们这帮成年人（大孩子）也和自己的小孩子一起开开心心地过了一个儿童节。

那天早上，孩子早早地就起床了，因为老师说今天要7：10之前到学校，还有一个原因就是，就在5月29日，孩子加入了少先队，她说，少先队员就更要严格要求自己，她兴奋地戴上鲜艳的红领巾出发了。

今天上午，学校组织的这次活动，让我们每一个人都很感动，同时也给孩子们过了上小学之后的第一个有意义的儿童节。这个儿童节有老师的陪伴，有家长的陪伴，有小伙伴们的陪伴，还有自己的精彩作品的展示。有舞蹈、有话剧、有体操、有插画作品，还有国画作品，看完这些展示之后，我感觉孩子们简直是太棒了，感谢老师的辛苦付出，让我们家长在这快乐的节日里，看到了孩子们精彩的一面，使我们的"六一"儿童节的快乐气氛更浓。

杜一诺的家长

"六一"是孩子的节日，我们都非常感谢黄胄艺术实验小学能将这一天交还给孩子，让孩子能真正享受到属于他们自己的节日。几天前，一诺就在盼望着这一天早点到来，这一天我们家长与孩子一起分享了他们的快乐。

我们很自豪，学校能为孩子提供这样一个好的平台，让他们除了学习之外还能学到一些特色项目，而这一天，我们也看到成果，我们由衷地、发自内心地感到骄傲。

演出中，一诺指着舞台上一位位熟悉的小朋友给我讲述他们的故事，她非常用心地投入孩子们的表演中，为他们鼓掌，为他们喝彩。

当熟悉的美术老师走上讲台时，大家都安静了，当老师在PPT中一位一位地展示一（3）班小朋友时，她显得安静极了，静静地、默默地看着。当老师流露真情声音哽咽时，一诺的眼泪也是不停地流，她哭了，哭得很厉害。我知道，在她心中对老师有着多么深的情感。

当电影《哆啦A梦》放到大雄思念机器猫时，一诺又一次哭了，就如每次看到《大头儿子小头爸爸之秘密计划》时一样，每看一次都要哭一次，她与里面的小朋友有了情感上的共鸣，我们在意她的情感，也在意她的眼泪，我们更知道要呵护她的这份爱心。

每过一个"六一"儿童节，孩子就要长大一岁，在2015年的这个"六一"节里，一诺过得更有意义，更有价值，感谢老师们的付出，感谢学校提供的优秀平台。

顾天皓的家长

"六一"儿童节，既是小学生享受快乐的节日，又是对老师辛勤工作感恩的节日，感谢北京黄胄艺术实验小学为一年级小学生举办的"特色项目文艺汇报演出"。整场演出非常成功，我看到了全部出自同学们自己的精彩表演。看过演出，能感受到北京联合大学专家及大学生们对这些小同学的用心和付出，而且感受到他们感情的真心流露，也看到了小朋友们点点滴滴地进步以及对国画的热爱。

感谢一直以来默默付出心血的孙老师，感谢水墨国画社团的老师们！你们真的非常棒！

"打"快板

李北阳的家长

今天是李北阳上小学后的第一个"六一"儿童节，很遗憾没有陪她参加这次活动，但是我们很认真地看了老师的博客、看了北阳姥姥拍的视频，还听了北阳特别感动的讲解。

这是北阳姥姥第一次参加北阳所在小学的活动，她今天很开心，看到孩子们精彩的舞蹈表演、小话剧和她宝贝外孙女的国画，仿佛自己也年轻了很多呢！

下面是北阳对此次"六一"活动的感想：

（1）看了这次的汇报演出，我很感动也很激动。

（2）我要上二年级了，但我不想离开现在的老师们！

（3）等我上了初中、高中、大学，也不想离开黄胄艺术实验小学的老师们！

（4）赵老师哭了，我们也哭了，我们很感动。

（5）孙老师就是我们每天的太阳，也是我们的家人，更是我们的心！

听了孩子的话，我也很感动，没想到她能说出这么感人的话！仿佛一下就长大了很多！感谢学校和老师们组织此次"六一"活动！

张子妤的家长

2015年的儿童节是孩子上小学后的第一个儿童节，原本以为和以前的6月1日一样，学校里放假，家里庆祝一下，这个儿童节也就平稳地过去了。但今年的儿童节对家长来说确实不同寻常。

儿童节前夕，从家长会上得知这个"六一"有两个主要任务：一是孩子们要加入少先队；二是庆祝儿童节的表演。细心的老师还告诉家长说孩子们为"六一"表演练习舞蹈，会比平时稍微辛苦一些，请家长协助配合。当我询问孩子练习情况的时候，她劲头十足，信心满满，好像非常期待表演时刻的到来。我提醒孩子说：虽然要练习舞蹈，平时不能耽误学习。她认真地点点头，眼神里充满了"请您相信我"的渴望，我能看出这个节日在她心里的重要程度，鼓励她说："加油！"

加入少先队的仪式在儿童节前两天，没有家长参加，当孩子戴着红领巾兴高采烈地回到家，将入队仪式的全部细节娓娓道来时，全家人听得津津有味，好像亲临现场一样。看着她认真收好红领巾，告诉我们每天早晨都要戴，我们这时看到了她眼力的自信，这个小小成就带给孩子的正能量远超过我们的想象。她好像已经为将来实现更大的成就迈出了重要的一步！

儿童节当天，由于有表演任务，孩子很早就起来，穿衣、洗漱、吃饭全程自理，当天要表演芭蕾舞，需要化妆和整理头发，对于老师提的每个要求她都牢记在心，并且细心地提醒我，生怕我漏了哪项要求。到了演出的剧场，看到孩子们全部装扮好的场景和整个舞蹈的表演过程，还有全班同学阳光的精神面貌、整齐的动作、默契的配合，让在场的家长们大呼精彩！原来这个"六一"儿童节使家长得到了一份最珍贵的礼物——孩子们的舞蹈"作品"！孩子们在舞蹈中告诉爸爸妈妈：我们很帅、我们很美、我们一（1）班真的很棒！我们长大了！

回到家后，细细回味，无限感恩。学校能够组织这样的活动，而不是简单放假，给了孩子们广阔的舞台让他们展示才艺，收获满满的自信；老师们负责的态度也教会了孩子要做好任何事情必须"努力"和"认真"；全班同学一起努力的成果展示让孩子们体会到了团结的力量！

我们一定会为她珍藏这次儿童节全班同学意气风发的全体合影，难忘的儿童节、快乐的一年级！

冉欣怡的家长

6月1日，我随冉欣怡参加了黄胄艺术实验小学组织的"六一"汇演，也是北京联合大学参与黄胄小学特色项目建设阶段性成果的汇报演出，感受颇深。首先感觉北京联合大学"高参小"项目顺应时代潮流，为我国教育改革迈出新的步伐作了榜样。

整个演出也体现了黄胄艺术实验小学的艺术特色，一（4）班开场舞《小苹果》、啦啦操《青春飞扬》，一（2）班话剧《我的活力早餐》，一（1）班《芭蕾圆舞曲》，一（5）班《插画展示》等，这些节目都反映了黄胄小学的艺术实验成果，体现了老师教研的艰辛。

冉欣怡参加了《我的活力早餐》的表演，在家里她就一直在背诵自己的台词，开始磕磕巴巴，也不是完全理解台词。她表演的是鸡蛋大王，其中有句："我们是鸡蛋大王，我们含有丰富的蛋白质，几乎含有人体必需的所有营养"，之前她不太爱吃鸡蛋的，结果第二天立刻让我给她煮了白水蛋做早餐。这个活动让孩子也学到了更多的知识，非常受益。

希望学校更多组织学生参与这一类的节目、各种艺术活动，充分发挥学校的艺术特质，也真诚地希望学校越办越好。

石宗玉的家长

以前玉儿在幼儿园时过"六一"，由于工作的缘故，很遗憾，从来没能参加。虽然玉儿马上就要7岁了，但这却是我陪玉儿过的第一个"六一"儿童节！也是一个让人难忘的儿童节！看了孩子们的精彩表演，看到了孩子们真的一天天在进步！在这里，真的非常感谢玉儿所在的黄胄艺术试验小学的蒋成凤校长和辛勤工作、谆谆教导、为了孩子们默默奉献的老师们！

尤其当我看到北京联合大学老师对孩子们的不舍，更深深体会到老师对孩子们的发自内心的爱，作为家长，心情真的很激动！（5）班和（3）班的作品展示节目形式新颖，虽然同学没有上台表演的机会，但一幅幅作品，让我觉得真的为他们骄傲！幻灯片在无声的播放，中间解说老师并没有太多的讲解，但我细细看了每幅作品旁边的一行行不太起眼的、不大的字，字里行间，都流露出老师对孩子们的爱！我的眼泪在眼眶里打转！是啊，每个孩子都是独一无二的，老师对于每个孩子都是用欣赏的眼光去看待，就像无边的蓝天，让鸟儿自由自在快乐地飞翔！老师的一句赞扬、一句鼓励、一句宽慰，一定像阳光雨露般温暖滋润着孩子们的心田！有了这份爱的力量，相信孩子们以后的路一定会自信和坚强，宽容和善良！

之后放映的动画片《哆啦A梦》，对孩子们也很有教育意义！我都感动地哭了好几次，看完电影，我趁热打铁，赶紧对女儿进行教育，我问女儿："你将来想拥有一个怎样的人生呢，命运是掌握在自己的手里的，对吗？"女儿习惯性地跟我开着恶作剧的玩笑。可能她还没有真正理解更深的含义，但她已若有所得，明白了自己应该对自己的将来负责！

这次"六一"儿童节的展演及安排之所以那么精彩、生动，离不开学校及老师们一直以来的良苦用心，以及对孩子们的爱的浇灌！都说父母是孩子的第一任老师，孩子的教育，我们更是责无旁贷！今后的日子里，我愿和玉儿一起共同成长，给予更多关爱，更多陪伴！努力配合学校，共担教育重任！

余秋贤的家长

童年是一幅画，童年是一首歌，童年时的乐园使人留恋，因此孩子们期待每年一度的"六一"儿童节。今年的"六一"节，黄胄艺术实验小学为了让节日充满艺术的气息，让孩子们拥抱快乐与无限畅想，展开了丰富多彩的"快乐童年 畅想'六一'"为主题的文艺汇演活动，而我有幸作为一年级学生的家长，和孩子们度过了一个快乐而又有趣的"六一"。

"六一"的清晨，我和女儿起了个大早，大手牵着小手漫步走在去学校的绿荫小路上，看着女儿脸上洋溢着节日的兴奋和期待，沐浴在晨曦的阳光中，是那么宁静淡雅，没有喧闹的气息，让人感到心平气和、心旷神怡。集合点在学校的操场上，不大一会儿就被快乐的孩子们所占领，或跑或跳，或说或闹，家长们也乐的随孩子们一起相互攀谈起来；班主任一出现，孩子们立刻围了上去，看着平时文静腼腆的女儿大声地喊着整队的口令，瞬时小朋友们就排好了两列纵队，我不禁感叹教育的力量是多么神奇而重要。坐着大巴车很快就来到本次活动的主会场——位于和平街的金鸡百花影城，孩子们按照顺序以班级为单位进行了彩排和表演，女儿所在班的节目是《我的活力早餐》，看着孩子们一组组鱼贯而出代表着各种营养元素，夸张的动作配合俏皮的台词，感觉特别寓教于乐啊！特别是一个"小胖墩"代表着肉肉，顿时引起了所有人的关注和愉快的笑声。女儿代表的是杏仁妹妹，为了上台表演，在家可没少练，还好说得不错，如果能再加点动作和道具就更生动了啊！文艺汇演结束，大人和孩子们一起观看了《哆啦A梦》最新电影，想想自己童年时看的机器猫，真是感慨时光飞逝啊。

通过此次活动，孩子们笔墨丹青、欢歌笑语、载歌载舞，每个班的节目各具风格，展现了黄胄艺术实验小学一年级儿童朝气蓬勃、积极向上的精神风貌，让每一个孩子成为了节日的主人，感受快乐、体验成功、获得自信，真正度过了一个美好而难忘的"六一"。

付博文的家长

"六一"的歌是甜甜的，"六一"的花是香香的，"六一"的孩子个个都是美美的。快乐的"六一"儿童节过去了，尽管时光短暂，但留给孩子们的美好记忆却是永久的。6月1日在黄胄艺术实验小学的组织下，我和儿子一起庆祝了"六一"儿童节，能够与孩子一起参加这样的活动，作为一名家长我感到非常的兴奋，仿佛又回到自己的童年……

都说每个孩子都是一个小天使，这句话在一年级（2）班的《我的活力早餐》表演中让我深深地体会到了，虽然他们还是那么的稚嫩，但举手投足之间流落出的神情使人难忘。每个上台的孩子都好似一个小天使，他们的眼睛都是那样的清澈、透明，他们的表情是那样的丰富、可爱。

看到小同学们在舞台上的精彩表演，我感到很欣慰。看得出，他们是在很用心地表演着他们心目中的那个角色。也许在别人看来，他们还有很多的动作做得不到位，但是他们表演得很棒，我希望我的孩子在以后的生活和学习中，用心的、执着的、认真的、去追求他心中的"最美"，从而实现自己的最终理想。我为我的孩子而骄傲，更感谢黄胄艺术实验小学的老师们为孩子们所做的一切。

演出结束后还观看了《哆啦A梦与我同行》，这部电影非常感人，它告诉孩子们要学会自己勇敢地面对困难，要向大雄一样善良，真不知用怎样的言语来表达！哆啦A梦有你真幸福！

这个儿童节不仅是孩子们的也是我们每个人的，它给我们留下了美丽的、难忘的回忆。

最后希望每个小同学都能够健康成长，开心度过人生的每一天……同时也祝黄胄艺术实验小学在教育事业蒸蒸日上。

杜圣鑫的家长

今天是"六一"国际儿童节，是所有小朋友的节日，也是杜圣鑫在小学度过的第一个自己的节日。在5月29日的时候，孩子光荣加入了少先队，这给"六一"更加增添了几分喜庆。

在这个特别的日子，学校邀请了一年级所有家长与北京联合大学的部分老师及百年实验小学的孩子、家长们，一起分享了黄胄艺术实验小学孩子们的快乐。早上我们一起坐着学校的大巴车，来到了金鸡百花影院。每个班级的小朋友在老师的帮助下都精心准备了各式各样的节目，孩子们兴致勃勃地欣赏着，不时报以热烈的掌声。虽然小朋友的表演略显稚嫩，但通过他们的表演，我们能看出在他们背后老师的辛勤付出，我们能体会到老师对每个孩子的用心培养。

通过今天的演出，我们了解到了学校对孩子们心理、形体、品行等方面全面的培养，我们一（2）班的同学们表演了舞台剧《我的活力早餐》，班里的同学们都参与了演出，小朋友们个个精神饱满，面对现场两百多名观众，发挥的非常棒，并且使在场的小朋友们了解到早餐营养均衡的重要性。

感谢学校领导让我们与孩子们一同度过了一个愉快而又有意义的"六一"，使我们这些大人们也感受了一下童真。

邵珠冰的家长

"六一"儿童节是孩子们期盼的节日，也是孩子们最重要的节日之一，今天是孩子们小学的第一个儿童节，也是孩子们非常开心的一天。

早晨孩子们戴着鲜艳的红领巾由老师与家长带领，来到了活动的

"多彩艺术进校园　实践体验助成长"主题实践活动现场图

地点组织汇演，每个班级都表演了非常完美的节目，尤其是一（3）班孩子们的国画展示，可谓构思新颖、构图巧妙、用笔适中、用墨浓淡相生，作为一年级的孩子们来说，每一幅作品都很棒，家长很欣慰。

在如此优秀的环境中，家长坚信孩子是祖国的花朵、国画的栋梁、更是未来的希望！谢谢老师！

王丹妮的家长

"六一"活动当天是爸爸陪着他去的，孩子特别开心，因为爸爸工作比较忙，每天晚上十二点才下班，基本上很少有时间陪孩子，这次"六一"活动，是孩子上了小学过的第一个"六一"，也是孩子刚刚加入少先队，看到孩子灿烂的笑容，感谢学校和老师给了我们这个机会，让我们知道孩子在学校国画课上的表现，看到孩子一点一滴的进步，是我们最大的安慰，让我们度过这么一个难忘的"六一"。

刘奥钧的家长

今天，是"六一"国际儿童节，孩子们是祖国的花朵，是祖国的未来，他们的健康成长牵动着大家的心。家长和学校一直都很重视对孩子的培养和教育，对孩子们的节日也重视，给予了大力的支持。

在"六一"儿童节这一天，学校举行了"六一"庆祝活动，通过家庭携手、亲子互动，让孩子们度过了一个欢乐而有意义的儿童节。同时学校又让孩子感受到祖国的经济社会发展，感悟在共和国阳光下的幸福快乐，这对儿童美好情操的陶冶、和谐亲情关系的构建，都有潜移默化、无可替代的作用。

我作为家长亲历了欢庆活动的全过程，心情无比的激动和自豪。

黄胄艺术实验小学举办"多彩艺术进校园 实践体验助成长"主题实践体验活动

朝阳教委宣教中心

黄胄艺术实验小学是一所以艺术教育为特色的学校，"让生命阳光般多彩"是学校的特色理念。为更好地贯彻落实课程设置方案，进一步实现"整体育人"目标，培养学生的综合素养和实践能力，2015年10月16日，黄胄艺术实验小学举办了"多彩艺术进校园 实践体验助成长"学生主题校园实践体验活动。共有三部分：现场表演，有学校学生武术表演、高校武术表演、高校教师民歌演唱、学校老师和学生演唱《长大后我就成了你》，还邀请家长和曾经毕业于母校的老师爷孙俩联袂演奏二胡《北京有个金太阳》，现场采访学校国画、风筝社团、中国结和脸谱社团以及软笔、硬笔书法社团的同学们，他们发自内心地和大家谈参加社团活动的收获与体会，还将自己亲手做的作品送给现场的嘉宾朋友们。黄胄艺术实验小学蒋学凤校长讲话和家长代表发言。全校每班人人参与艺术实践体验活动，有兔儿爷、虎头鞋、七巧板、珠串、蛋画、五巧板、糖画、吹糖人、剪纸 、毛猴、面人、空竹、风车、万花筒、中国结、内画、风筝、脸谱、皮影、快板、腰鼓21个艺术实践体验活动。这是一次盛大的"传统文化艺术盛会"。

蛋画

黄胄艺术实验小学学生学习画"蛋画"

黄胄艺术实验小学的学生们，在这艺术的海洋里，扬起理想的风帆，驶向成功的彼岸！

作为基础教育的小学，学校创造一切条件让学生了解祖国的艺术瑰宝、热爱这些艺术形式，并在学习和体验的过程中学会感知艺术的美、欣赏艺术的美，大胆地用自己喜欢或擅长的方式创造艺术的美，从而提高自己的艺术修养。

黄胄艺术实验小学在扎实的教育教学质量建设基础上，针对小学生特点，突出艺术特色，多方位拓宽艺术教育内涵，多途径丰富艺术教育资源，多层面推进艺术教育深入，多策略丰富学生艺术实践体验，多角度探索学生艺术素养评价，多办法激发学生兴趣和培养其坚强的意志品质，是发展学校艺术教育特色，提升学生艺术素养的核心策略。校内校外相结合，课内课外相结合，学科教学与德育活动相结合，知识学习与实践体验相结合，让每一个孩子与艺术为友，将艺术教育落地生根；让育德更加具体化，将社会主义核心价值观渗透在时时处处点点滴滴。

此次活动得到了炎黄艺术馆、北京市玩具协会、北京联合大学、朝阳区文化馆、西坝河中里社区、各大新闻媒体等单位的大力支持。学校给孩子们提供了越来越丰富的艺术教育服务，并逐步向个性化的艺术教育服务发展，助力孩子们的快乐成长！最终实现全科育人、全程育人、全员育人和实践育人的目的。

/四/第七届艺术节参与体会

参加心理社团部分学生感言

心理社团辅导教师：王颖（大）

安奥伦

心理社团活动很好，而且大家很像一家人！在演舞台剧《我的活力早餐》的时候，我在后台很紧张，但是到后来就不紧张了。上心理课的时候我很开心，我喜欢和老师们在一起做游戏。这让我有了自信心：一开始上心理课我很紧张，不敢回答问题，后来慢慢地我就不紧张了。希望心理课能一直持续，我喜欢心理课！

杜圣鑫

尊敬的老师们，我觉得我心里的感受非常深刻，其中讲、玩和排练的结合可以加强我们排练的积极性，尤其是对活力早餐的认知度，我们是多么想成功啊！我们的表演受到了表扬，这能让我对下次的表演更加自信。

陈胜波

首先，每次老师用丰富的知识上了一节节丰富的心理课。其次，活力早餐的舞台剧让我感到了内心的滋润，这让我的声音变大了许多。我以后一定会成为一名出色的演员的！最后，这一次演出让我的内心充满了自信，让我感到无比的快乐。这样的课程让我的成长过程不像学习那样枯燥了。加油！

石宗玉

我对这次的社团活动感受非常好，因为我在这次活动中学会了很多知识。特别是活力早餐让我们知道了早餐要合理搭配，这样我们才能健康，而且，这次排练我声音大了很多。我印象最深的是我们活力早餐话剧的表演，这次表演我拥有了很大的自信，而且自从上了心理课后，我的生活变得更加有趣、更加多彩。

张铂炘

我喜欢心理社团，因为他能让我很快乐，而且两位老师很和蔼可亲。我感觉活力早餐给我的成长带来了快乐，也让我知道了要好好吃饭不挑食。我感觉我比以前勇敢多了，在舞台上不害羞了，连上课也能积极地回答问题。在我不高兴的时候，排练和做心理游戏能给我带来快乐。

参加腰鼓队的感想

腰鼓社团辅导教师：王湘君 任义

刘　旭

　　每到星期四的时候，我们下午上完课就下楼开始练习舞蹈。老师教了我们许多舞蹈步子，我们也会跟着跳。我们跳得不好的地方老师就会告诉我们哪里不好，然后再放慢速度给我们再跳一遍，直到我们跳好了，明白了，才会学习下一个步子。我们把学过的步子连起跳时，就会选出一些跳得好的出来。就在老师选的时候，我心里想，我要好好跳，一定要让老师选上我。每次老师选的时候我都很着急，总怕选不上我，当然，我也遇到过困难。后来，老师告诉我们在过几周我们就要去朝阳剧场表演了，于是我们抓紧时间练习。在表演前彩排了一次，我们很努力的练习，直到中午才回到学校。练习了几个星期后，终于到表演的时间了。开始我们很紧张，轮到我们表演了，我们都帮自己打气，心理一直说着加油、加油！演完后许多人都夸我们跳得很好。我们最后取得了很好的成绩，我很开心。

刘昭君

　　在5月的一天，我正式参加了腰鼓队。同学们跟我说："哎，你知道吗？五月底，也就是快到'六一'儿童节的时候，我们要去朝阳剧场演出。好像家长还去看呢！""嗯！我们可得好好练！"另一个同学说。

　　5月23日，我们正式登台演出。在那里，我们个个打扮得漂漂亮亮的。想想之前的训练，真是辛苦啊！演出之前，三位奶奶和监管老师陪着我们不停地练啊练。抓紧一切时间让我们快速进步，每次练的时候，我们都喊着节拍：1234、2234、3234、4234……还要有开心的微笑。经过长时间的训练，我们的鼓声终于整齐一致，动作漂亮有力。

在这里，我代表所有同学向三位奶奶和监管老师表示感谢！

蓝图开

学校创建了腰鼓队，打得好的同学被选入了腰鼓队，每天放学后进行编排和训练，并代表学校参加腰鼓展示活动。

我暗下决心一定要认认真真地学打腰鼓。我一边打，老师一边帮我纠正错误。老师总是耐心地帮我纠正错误。

下课铃一响,校园里便响起了腰鼓声。我们可不是打着玩的，而是我们学校要创建腰鼓社团。

腰鼓给我们带来很多乐趣，还能锻炼我们的身体，真是一项好活动。

打腰鼓还很好玩。许多同学都喜欢学习打腰鼓。一到练习的时候，我们大家都特别兴奋，似乎有使不完的劲。腰鼓打起来的节奏非常好听。不信，你听"咚啪，咚啪、咚啪……"，每次听到这声音我都有一种说不出来的感觉。总之，这种感觉很舒服、很奇妙。我喜打欢腰鼓。

安 岩

我很荣幸地加入了学校的腰鼓队，在腰鼓队我学习到很多有趣的知识。

腰鼓队里的老师们特别温和，对待同学又热情又和气。她们是学校从西坝河中里社区邀请来的，受过专门腰鼓训练的三位老奶奶。

老师教我们腰鼓动作时特别尽心尽力，同学们也学得非常认真。有一次几个同学相互争吵，老师还急忙赶过去劝阻和安抚。

在学习腰鼓基本动作时，老师为我们表演并示范，同学们也做得很认真，每个动作的幅度都做得很大。排练时，在老师的指挥下，我们的动作整齐一致，流畅顺利。就在我们演出的那一天，所有的同学都表现得很出色。演出完成后，台下观众的掌声热烈极了。

在腰鼓队里，我不仅学到了有趣的腰鼓动作，还学习到了老师们细致认真的工作精神。

参演第七届艺术节合唱有感

合唱社团指导教师：房蕊　姬雅妍

王雨菲

5月24日，我们去朝阳剧场参加艺术节表演，我很激动。

我们的表演是最后一个节目——合唱表演。看到之前的节目表演得特别好，我们上场时十分紧张。

上台时，耀眼的灯光打在我们的脸上，我兴奋极了，这是我第一次上台演出！我们唱的都特别好，唱完之后我们得到了热烈的掌声。

这次活动让我得到了自信心，我会更加努力的！

田文震

2016年5月24日我们学校去朝阳剧场参加艺术节活动，我们表演的是合唱。当时我非常激动，也很紧张！那可是面对全校师生和家长们的表演呀！

在台下我们一直认真练习，连路上也不放过。上台前我们在后台一点都不敢放松，一声都不敢出。我们每个人都开始深呼吸，敛声屏气，准备奋力一搏！上场以后每个人看起来都非常精神，唱的也非常好。得到了观众的热烈掌声。下台以后我们终于能松口气了。这次经历使我对自己更有自信心了！这次活动，让我记忆深刻！

韩　晨

5月24日我们怀着激动的心情来到了朝阳剧场，今天我们有一个艺术节展示。展示开始了，看到了一个又一个的表演之后，就到了我们合唱团，大家紧张地上了台。起初我们带着平静的心情唱了一首英文歌，这首英文歌的中文意思是祈祷和平，这是首神圣的歌曲。接下来是一首欢快的歌曲。我们唱完之后，心情欢乐多了。

通过这次表演，我们在舞台上展示出了自己优秀的一面，之后我再上台表演就大胆多了，也自信多了。

艺术节健美操演出有感

健美操社团指导教师：宋元领　李留泉

王佳玥

5月24日是一个风和日丽，阳光明媚的日子，我们参加了"红领巾相约中国梦·七彩光辉映文化情"——多彩童年·梦想起航，朝阳区少工委庆"六一"活动季暨黄胄艺术试验小学第七届艺术节。

在一阵整齐的三字经背诵声中艺术节缓缓拉开帷幕。同学们的表演非常精彩，有舞台剧、民族舞、古诗诵读，以及我们表演的健美操和心里剧——"活力早餐"，以及诗朗诵，还有一年级小同学们表演的民族小合唱等。拉丁狂舞、武术表演、健美操表演都给我们留下了深刻的印象。其中二（2）班表演的心里剧——"活力早餐"给我留下了非常深刻的印象，同学们把自己装扮成了各种各样的蔬菜、水果、肉类……非常有新意，通过观看这个节目让我明白了早餐一定要营养均衡，不能挑食。要养成每天吃早餐的习惯。

校园文化艺术节让我们提前度过了一个愉快而难忘的"六一"儿童节。这次活动的成功举办离不开老师们的辛苦，感谢老师们，你们辛苦了！

艺术节活动感想

赵　佳

5月24日我有幸参加了黄胄艺术实验小学第七届艺术节。在同学们背诵三字经的朗诵声中拉开了艺术节的大幕。同学们各个神采飞扬，演出的节目有舞台剧、民族舞、健美操，还有充满正能量的小品等，同学们表演的人物也相当到位。让我记忆犹新的是二（4）班同学们表演的健美操和啦啦操！同学们各个都很用心，每个动作都很娴熟，表演得十分精彩。台下的家长一直在给孩子们鼓掌加油！非常感谢校领导及老师，是你们的教导才有了我们精彩的演出！老师们你们辛苦了，感谢你们！

拉丁舞社团表演感想

拉丁舞社团辅导教师：刘毅

李芊慧

今天是学校的艺术节，要在朝阳剧场举办文艺汇演，我和同学们很早就到了学校。我们先换演出服装，然后再上楼化妆，老师和同学们都紧张有序的为演出做着准备。

时间到了，我们乘车向剧场出发。坐在车上我在想这次演出中我一定要表演好，连一个小失误都不能出。想到这里我就在脑子里过了一遍演出的每个细节。都没问题了，于是心里就踏实了很多。由于我们班表演的是集体拉丁舞，我希望参加表演的每一名同学都不会有失误，也祝愿我们的表演圆满成功！

到了剧场，我们在老师的带领下做好了演出前的最后准备，静静等待着演出的开始。过了一会儿，该我们上场了，随着音乐的响起，我们的演出也开始了。伴随着音乐的节拍，我们尽情地舞蹈，每名同学的表现都棒极了。音乐停止了，我们的表演结束了，台下立刻响起了热烈的掌声，我们的表演受到了大家的欢迎。

演出结束了，坐在回校的车上，我还沉浸在演出成功的喜悦当中。回想起为了这次的演出，学校为我们请来专业的舞蹈老师训练了快一年的时间，每名同学都有了很大的进步，这真是有付出才有回报啊！

冯文彬

今天是星期二，我特别的高兴。因为今天是我们学校的艺术节。老师让我们早点到学校化妆，来到学校化完妆后，坐上大巴来到了朝阳剧场，我们找到位置坐了下来，不一会表演就开始了。我喜欢里面表演的"活力早餐"，我觉得他们演得很棒。接下来我们的节目就要上场了，我很紧张，老师说不要紧张，紧张就会跳不好，我努力让自己放松，并怀着激动的心情上台表演。我第一次听到了热烈的掌声，心里美滋滋的，我高兴极了。最后我做到了，我们的表演很成功。我盼望着下一个艺术节早日到来！

朱峥灏

"六一"儿童节，是每个孩子最盼望的节日。每年"六一"爸爸妈妈都会带我们出去玩，给我们买心爱的礼物；可是今年，我的"六一"儿童节却和其他人不一样。你问我哪里不一样？哈哈！今年的"六一"儿童节我作为小主持人，与钱老师共同主持了"朝阳区少工委庆六一活动季暨黄胄艺术实验小学第七届艺术节"活动。

刚听到我被选拔上的时候，我既惊讶又开心，有这么多高年级的大哥哥、大姐姐，怎么会选到我？这次活动听起来是一个很大型的活动，还是在剧场里！我能行吗？心里有点打鼓，可是自己还是有点小骄傲、小自豪的。接下来的练习是没那么轻松的，拿到稿子，密密麻麻好几页！课余时间，钱老师一遍遍耐心地陪我对词，还不断鼓励我："相信自己，我看好你！"我也从开始的不流利，到后来声音洪亮有感情。我的小紧张也慢慢变成了自信！

难忘2016年5月24日，朝阳剧场，我第一次作为主持人，登上了大舞台！看到灯光闪烁的舞台，布置得绚丽多彩的背景，还有台下那么多关心支持我们的领导、老师、同学、家长和工作人员，我暗暗下决心，我一定要好好主持，不辜负老师和同学们对我的信任。同学们表演的节目也是精彩纷呈，有舞台剧、古诗诵读、健美操、合唱、武术等。当然，还有我参加表演的拉丁舞！我们二（1）中队的同学，穿着漂亮的拉丁舞服，画着精致的妆容，伴随着音乐，热情似火，动感十足。我看到，那个"长胳膊"的摄像机也跟随着我们的舞蹈一直在动，记录下了我们每一个精彩的瞬间。观众席中的同学、老师、家长们都在为我们喝彩，我的心也随着动人的舞蹈在舞台上飞扬！

"看，张张笑脸，荡起节日的欢乐！听，阵阵乐曲，扬起希望的风帆。在这美好的节日里,我们满心欢喜!让我们尽情的欢乐、精彩的展示!"——这是我的主持稿,我要大声地告诉大家,我们的节日,是如此的快乐!我们的节日,如阳光般多彩!

黄胄实验,我的梦想从这里起航!

合唱社团演出感受

一年级合唱社团指导教师:房蕊 郭丽洁

冯墨岩

我很喜欢小合唱,因为妈妈说我从五岁左右学大提琴的时候就有音乐天赋。我在合唱社团中学习了《送别》《敕勒歌》《春晓》《十个小印第安人》。演出的时候我有点紧张,但是老师们一直给我鼓励,说我的音色很美。

吴梓煜

我觉得民歌小合唱社团很好,因为我学到了很多新歌,我很开心,唱歌是我的爱好。我还很喜欢小合唱的每一位老师,她们教的方法很好,我要感谢所有的老师对我们的精心教育。我参加演出的时候都不敢乱动,怕出现小失误,表演结束后我松了一口气,觉得我们都很棒!

王怡婷

我喜欢上小合唱团的课,因为我可以学到很多东西,还可以愉快的唱每一首歌。前两天我们小合唱团演出,我却非常伤心,因为我一直在想过几天我们是不是要离开老师们了。我非常喜欢我的老师们,自从老师来上课,我的声音就和以前不一样了,我想对老师们说声:"谢谢老师,你们辛苦了!"我要感谢所有老师。

唐知欣

我喜欢参加小合唱团。在合唱团里我也交了几个好朋友,我喜欢大家一起唱歌的感觉。上星期我们去朝阳剧场参加艺术节，我很开心，老师给我们都化了妆，大家都很漂亮。因为第一次上台表演我很紧张，心怦怦直跳，但我还是克服了紧张的心情。我们唱的是《送别》和《敕勒歌》，大家唱得很好，老师们的裙子很漂亮。我也想好好唱歌，长大了穿老师那样的衣服去参加表演。

林子涵

我喜欢小合唱，因为我可以学到很多东西。我最喜欢唱的歌是《送别》，而且我查找了很多歌曲资料，知道了很多知识。在台上演出前我既紧张又兴奋，我们化了妆后都很漂亮。演出后我很开心，觉得我们表现得很出色。

民族舞社团演出感言

民族舞社团辅导教师：姬雅妍、盛冬梅

芮雪盈

5月24日，学校组织了庆"六一"艺术节活动，我们民族舞社团的同学们穿着美丽的舞蹈服来到了朝阳剧场。今天我们要登台演出了，大家心里都激动万分，每个人脸上都洋溢着灿烂的笑容。

在后台准备时，我心里有些紧张，但是老师一直给我们鼓励，让我的情绪慢慢平复了下来。我们第一个表演的节目是藏族舞《卓玛》。随着优美的音乐，我们排好队形，舞动着长长的衣袖，宛若仙子一般缓缓入场，展现出藏族姑娘柔美的一面。我们表演的第二个节目是傣族舞蹈《崴萨啰》。穿着蓝色傣族舞裙的我们，像一群活泼可爱的小孔雀在舞台中央欢快地跳动。舞蹈结束后，台下观众掌声雷动，使整个文艺汇演达到了高潮。

我们的精彩表演，离不开老师和大家的辛苦付出，俗话说台上一分钟，台下十年功。为了这次汇演，我们排练了很久很久，许多动作都

很难，可是我们从不叫苦。除了在学校练习之外，回家之后只要有时间就自己对着镜子刻苦练习，只希望把每个动作做到完美。之前的排练虽然很辛苦，但此时此刻听到观众们热烈的掌声，感觉一切的努力都是值得的，我也因此感到无比骄傲！

文艺汇演结束了，我们圆满地完成了演出任务。我很感谢姬老师，是她给了我这一次参与的机会；还有包老师，她是我们的舞蹈教学老师，我们的每一个动作，都沁入了包老师的汗水。这是我第一次登台演出，此次经历是在我的童年中永远难忘的美好记忆！

常珑鳞

艺术节有许多节目。有拉丁舞、武术、民族舞、健美操。我特别喜欢拉丁舞，不仅因为他们的衣服很漂亮，而且他们表演的也很好看，音乐还非常好听。我们要表演的是民族舞，每周四下午我们都要去录课室排练。老师一直跟我们说要记动作、要微笑。我们一直在努力地刻苦练习。

到了朝阳剧场，我们开始化妆，穿演出服，忙得不可开交，连喝口水的时间都没有。表演时我们非常紧张，生怕出一点点错就会影响整个舞蹈，表演结束后我们才喝了一点水，就又开始换下一套服装准备下面的表演。我们高兴地演完了，而且我一点儿错都没出。这次我们非常高兴，换完衣服后就去看别的表演，我觉得看表演是件开心的事，不过我知道他们为了这次演出付出了他们读书、玩游戏的时间，所以我们要尊重别人的劳动成果！

于欣钰

我是三年级（2）班的于欣钰，我在5月24日参加了学校举行的"红领巾相约中国梦·七彩光辉映文化情"的艺术节活动。我是学校民族舞社团的学员，在这次艺术节活动中我参加了两个舞蹈节目。为了这次表演成功，我在家里让妈妈给我下载了舞蹈的歌曲，每天写完作业后我在家也练习。演出的前一天我发烧了，妈妈很着急，说如果不行就休息吧，可是我准备了这么长时间而且盼望的一天就要到来的时候，怎么能休息呢！明天就要演出了，我一定要去。演出当天，老师在学校给我们化了妆，换上了漂亮的演出服，我心里甭提有多高兴了。当我上了车之后，脑子里还在不断地想着舞蹈的各种动作。下车后看到剧院门口有好多的家长，我又高兴又紧张。我们陆陆续续地进了剧场，到我们表演节目了，上台后，舞台上五彩夺目的灯光亮了起来，好漂亮！我心中也充满了自信，就想着一定要把老师教给我们的舞蹈动作做好、做标准。演出结束时，听到台下传来一阵阵热烈的掌声，我心里高兴极了。在这次演出后，让我更加自信，以后的学习我也要更加努力，以此感谢老师为我们的辛苦付出。

刘天露

5月24日我有幸观看黄胄艺术实验小学第七届艺术节汇演，感触颇多。

活动从开幕到结束，组织井然有序，气氛也非常活跃，这充分展示了学校的组织能力和活动能力。

校园文化节凝聚了许许多多的节目：舞台剧、舞蹈、朗诵、健美操、武术表演……大学生哥哥姐姐和老师们也参加了表演。那一张张笑脸，一阵阵歌声，都充满了幸福和快乐。尤其是二年级的学生，他们的成长与进步非常明显，显然是节目的主力。场下的家长们一直在激动地鼓掌，这掌声不光是给孩子们的，同时也是献给辛勤的老师们的。感谢各位老师与领导的精心准备，感谢孩子们表演的精彩呈现。

今天的精彩，来自于默默地耕耘，愿黄胄艺术实验小学的艺术之花开满校园。

民族小合唱社团团员感想

民族舞社团指导教师：郭丽洁　房蕊

吴梓煜

今天，是我一直盼望的日子，我们就要登上大舞台演出了。

《敕勒川》和《送别》这两首歌我早就会唱了，这次在小合唱社团练习时老师还给我们排了两个声部，我还是声部长呢！两个声部合唱起来特别好听。

虽然我在社团活动的时候总是不遵守纪律，挨老师的批评也多，但我还是非常高兴能参加学校合唱团。我喜欢音乐，喜欢唱歌，在这里能认识很多新朋友，学很多好听的歌曲，同时还能促使我改掉不遵守学校纪律的坏毛病。

这次艺术节我们合唱团的表演非常成功，我特别高兴。我要谢谢老师为我们付出的辛勤劳动。

老师说我表现好就让我继续参加合唱团，我要努力，要坚持一直留在合唱团里。

冯墨岩

今天早晨一醒来，我就非常激动。心里想着赶快去学校，让老师给我们化完妆，就要去演出了。

演出还没开始时，我看到了妈妈，她拿着请帖正在找座位。我们民族小合唱的节目排在了第九个，到第八个节目的时候，老师让我们到后台去准备。那时候，我觉得有一些紧张。

在台上演出的时候，我旁边的同学可能是没有看清楚老师的指挥，想做拉手的动作，我一直保持不动，直到看到老师做出拉手的指令才拉起她的手。

回家以后和妈妈聊天。妈妈笑着说看到我在表演的时候一直在特别认真地看老师指挥。

能够参加这次演出，我感到特别高兴。

盛　开

这学期开学不久，我就被选到了民族小合唱社团，开始练习《敕勒川》和《送别》两首歌曲。我很高兴，每次都跟着老师非常努力地去练习，真希望能快点演出。合唱是好多同学在一起唱，要把歌曲唱整齐，还分了两个声部，这增加了不少难度。我是高声部的，我们一年级（3）班有7个同学参加演出。参加合唱的同学排练时都非常认真。终于盼到正式演出了，我好高兴啊！

5月24日，天空晴朗，就像我们的心情一样，我们穿着演出服，化好了漂亮的妆，高高兴兴地去剧场演出。这是我第一次登台演出，可紧张了，眼睛都不敢往台下看，一直看着老师的指挥。

今天的演出很成功！我想下学期要参加更多的社团活动，交更多的好朋友！

朗诵社团参演第七届艺术节有感

朗诵社团辅导教师：吴茜　门亚文

林子欣

从五年级开始，我在学校组织的周四下午课后一小时上了王老师的综合表演兴趣班，并排练了带有浓浓爱国气息的诗朗诵《我和我的祖国》。

当听到要在朝阳剧场面对全校师生表演的时候，不仅给我带来了惊喜，还有不安。惊喜的是因为我们排练了两个月的辛苦努力终于得到了实践的平台；不安则是因为两个月兴许有些短了。不过，既然有机会，那就一定要好好排练。经过长达一个月的刻苦训练，我们终于登上了朝阳剧场的舞台。那时我在想：前面同学的表演那么出色，我们可不能逊色了！上台之后，我有些紧张，还有一种仿佛被灯光晃得眼睛疼的感觉，不过，当响起那熟悉的《红旗渠》的时候，信心与勇气又回到了我的身边。我终于将它声情并茂地朗诵了出来，将自己内心的爱国之情表达了出来。

谢谢综合表演兴趣班！

张宇佳

我参加了综合表演社团以后，我变得自信了，不仅敢于上台表演，而且还培养了我的口语能力，使我说话吐字清晰了。

在我校开展艺术节前我们综合表演社团就开始练习诗朗诵,我练的非常辛苦,老师严格要求我们的站姿、手势和口齿清晰度。到了上台时我非常有信心,并记住老师的要求,每一点都尽力做到最好。我感谢老师的鼓励,感谢家长的陪伴,我会加油的!

章乃文

今天,我们学校在朝阳剧场举办了第七届艺术节,从来没见过朝阳剧场的同学们好奇地左顾右盼,兴奋极了。

全体领导和家长都入座后,第一个节目开始了。瞧!一群腰上系着腰鼓的同学们笑着上了台。鼓声跟着音乐声,敲起了我们心中的热情。节目《卓玛》是藏族舞蹈,全场的人都被她们的舞姿迷住了,仿佛真有一群藏族小姑娘在为我们表演似的。

我和其他同学一起表演的诗朗诵——《我和我的祖国》受到了观众们的好评。我看着台下的全校师生和家长,虽然还是有点胆怯,但我还是发挥了最高水平。激昂的音乐带动着我们的情绪,我完全融入了进去,一点儿也不胆怯了。表演结束后,我赶紧叫上彭芮和韩晨去换合唱服,虽然错过了看节目,可我还是为别人看到我们的节目而高兴。

这次表演很成功,热烈的掌声仿佛要把屋顶掀起来似的。我期待着下次艺术节能做得更好!

陆宇豪

今天,是我们黄胄艺术实验小学第七届校园文化艺术节,是我期盼已久的日子。因为我们要在舞台上表演诗朗诵。为了今天,我们综合表演小组已经准备一年多了。

此次艺术节邀请了全校所有同学的家长观看,这更给同学们带来了鼓励,我也不例外。

看完了前面的演出,马上就要到我们表演了。我还是第一次要在这么大的舞台上表演,心里十分紧张,我清了清嗓子,练了练嗓音,好在表演时更好地发挥。主持人报完幕后,随着音乐响起,我们开始了表演："从妈妈的地球仪上，我认识了我的祖国……"看着底下有那么多的观众，我开始紧张了，脸上流下了豆大的汗珠。这时，我看到妈妈在向我挥手，为我加油；我又想起了以前我们小组辛苦训练的情景，我们坚持了那么久，不正是为了今天吗？于是，我深呼吸了一次，继续认真地表演起来。终于表演完了，我深呼了一口气。

苏亚楠

5月24日，我们在朝阳剧场举行了学校艺术节。我既高兴又激动，因为我可以上台为大家表演了。

我是小小主持人班的一员，我们朗诵的是《我和我的祖国》。刚上台时，我还真有点儿紧张，毕竟这是第一次上这样大的舞台，但是渐渐地就变得很自然了，所以我们集体朗诵的效果还不错。在结束时，同学们、家长们和老师们在热烈地鼓掌，我的心里美滋滋的，别提有多高兴了。虽然我们的朗诵也有缺点，但是也受到了大家的欢迎，我真是太高兴了！

通过这个活动，我明白了一个道理：一个人在做事时，只要付出努力，一定有一个美好的结局。

诵读社团艺术节活动体会

诵读社团指导教师：李凯　王燕

齐绍华

2016年5月24日我们学校在朝阳剧场举办了"红领巾相约中国梦·七彩光辉映文化情"——多彩童年·梦想起航，朝阳区少工委庆"六一"活动季暨黄胄艺术实验小学第七届艺术节。

一大早，我们有节目的同学7：00就到了学校，比平时早了半个多小时。大家都非常兴奋，没有一点困意。一到教室，同学们就开始了演出前的准备，老师为我们一个一个地化妆。化妆后我们准时操场集合出发。我们集体坐着大巴车来到朝阳剧场，在剧场后台我们激动极了，紧张地等待着上台的那一刻。

节目9：00钟正式开始了，欢快的腰鼓舞拉开了这次艺术节的序幕。同学们整齐地敲打着腰间的腰鼓，欢快地踩着鼓点，家长们的掌声不时地响起。时间过得真快，终于到了我们的节目，我们的节目是一个非常有意义的诗歌诵读《游子吟》。开始我的心突突地蹦个不停，可是当音乐响起时，我立刻就平静了下来，跟随着音乐我们整齐的诵读着诗词。灯光不停地照在我们的脸上，"慈母手中线，游子身上衣。临行密密缝，意恐迟迟归。谁言寸草心，报得三春晖"。短短几分钟我们完成了节目的演出，台下的掌声又一次响起，我们在掌声中有秩序的走下了演出台，这时的心情别提多轻松多愉快啦。

节目继续表演着，我们在台下尽情欣赏着其他同学的演出，最后艺术节的表演在我们激昂的少先队队歌中落下了帷幕。

这次艺术节我参演的节目平时排练得非常辛苦，但是我并不觉得累，因为我不光学到了知识，还锻炼了自己，最重要的是我成为艺术节演出的一分子，为此我感到无比的荣幸。

翟俊泽

2016年5月24日上午8：40分，我们黄胄艺术实验小学在朝阳剧场举办了一场"红领巾相约中国梦"的艺术节。

我有幸参加了诵读组，和同学们一起朗诵《游子吟》。我们在学校排练了很多次，但等到了剧场，看到宽阔的舞台和明亮的灯光，我又不由得紧张起来。我想我一定要好好表现，不能辜负老师们为我们排练而付出的辛苦劳动！我要把最好的一面呈现给大家。当音乐响起时，我们站在宽阔的舞台上，所有的灯光都聚集在我们身上，那一刻，我感到无比的光荣、自豪！每一位同学都是那么的认真、投入，都争取把我们最好的一面表现出来。这时，我想起来我们的校训，"以书为友，以艺术为友，以好习惯为友"，让黄胄艺术实验小学的艺术之花开满校园。我们今天的精彩，来自于老师们的默默耕耘，在这里，我谨代表诵读组的学生们，向老师们说一声，你们辛苦了！我爱我的学校，我爱我的老师！

李宜玲

今天，老师带我们去朝阳剧场参加学校举办的艺术节。我们诵读社团还要去舞台上诵读《游子吟》，同学们都特别激动。

一到剧场同学们都有序地坐在座位上，认真观看着节目。终于开始表演了，首先让大家看到的是腰鼓《开门红》，那阵阵鼓声回荡在耳边，是多么喜庆啊！第二个节目是由二年级（2）班表演的舞台剧《三顾茅庐》的故事，我看完了不由得赞叹到"二年级的同学竟然表演的这么棒呀！"真为他们感到骄傲！我们又看了藏族舞后，就该我们上场了，我们又高兴又紧张。我们在舞台上全神贯注地吟诵着，但还是有一些小缺点，下次我们一定会更加努力，改掉这次的缺点，成为最棒的！我们会继续努力，不怕苦、不怕累，认真学习古诗诵读。

我爱艺术节，我爱黄胄艺术实验小学！

武术社团学生感受

武术社团辅导教师：祁少蒙　周禄禄

孙　博

今天我们在朝阳剧院进行了艺术节的演出展示，作为武术社团的一员，为了这一天，我们共同努力着。半年以来，我们每周都有两次训练的机会，虽然天气越来越热，但所有同学都克服了困难，只为了今天的表演而努力着。其他时间我也会在家里练习每个环节的动作，争取做到最好。我这已经是第二次登上舞台表演了，但是我还是觉得有一些紧张，因为第一次是在本校表演，而这一次是在朝阳剧院。场下有很多来宾和观众，以及很多家长，还有很多镜头在为我们录像。虽然这一次的表演有些动作还是不怎么整齐，但与之前相比，已经好多了。经过我们的努力，武术表演也得到了老师和同学们的一致好评，如果下次我们再上台，一定会做得更好，动作会更齐，声音会更洪亮。

彭玉琳

经过两年的努力，终于等到了演出的这一天。5月24日，在第十届艺术节中我们表演和展示的时刻到了。

同学们排练的节目很精彩呀！不一会儿前十个节目就演完了，快该我们上场了。在老师的带领下，我们来到了后台，开始做上场前的准备。当主持人报出我们节目名字的时候，我已经出了一手汗，心脏跳动更加急促，还没等我把所有的套路都想一遍，上场的音乐已经响起。台上我们整体表演的还可以，因为之前付出很多努力去排练，在激昂的音乐中，我们圆满地完成了所有的套路，赢得了同学们的热烈的掌声，那掌声是多么的热烈啊！这是对我们这些天努力付出的最大肯定。

今天的活动给予了我很好的锻炼机会，让我在今后的表演中表现得更加自然，谢谢老师们能给我这次机会，谢谢同学们对我们表演的认可。

朱舟扬

今天学校组织我们去朝阳剧院参加学校的第十届艺术节，作为武术社团的一员，我很高兴能登上舞台去表演。为了今天的表演，我们30名同学在老师的带领下付出了很多努力，在烈日下排练我们流了很多汗水，刮风下雨我们也从不间断。

轮到我们登台表演了，台下坐了很多家长、老师，还有同学。当我们登上舞台后场的时候，内心无比激动，心都提到嗓子眼了，不过我们演出的效果还是不错的，赢得了众多掌声。

我能登上这么大的舞台进行表演，内心非常高兴。武术是中华民族的传统体育项目，我们既学到了传统知识又能强身健体，我会坚持学习下去的。

万花筒项目

万花筒

中国结

内画

领导到校参加活动

毛猴

糖人项目

七巧板

第二章

美德日记

/一/ 宽容有礼篇

美德小故事——有礼

李宇　指导教师：郭丽洁　吴茜

从前，在一片茂密的森林中，生活着一群快乐的小动物。可是这群动物中，有一只不招人喜欢的小动物，它就是骄傲的小兔子。它自以为自己比谁都强，从来不把别人放在眼里。

一次它去上学时，看见一只小乌龟走得很慢，而小兔子觉得乌龟挡住了它的去路。于是小兔子就说："喂，乌龟！你起开！你挡到我的路了！"小兔子见它不动，还上去踢了一脚，把小乌龟踢得老远。走着走着，小兔子又遇见了一只刺猬。刺猬不小心扎了小兔子一下，小兔子立马生起气来。它愤怒地说："你干吗呢！没长眼啊！你扎着我了！"说着，它又把小刺猬扔了出去。还有一次，它又被小石子绊倒了。于是，它就给了小石子一脚，可小石子是一点事也没有，反而小兔子的脚疼得厉害。

这时，一只小狗正巧路过，看到了这一幕，它说："你对别人傲慢无礼，不懂得尊重别人，今天总算尝到苦头了吧！"小兔子意识到自己错了，看了看自己受伤的脚，羞愧地低下了头。

家长寄语：希望你继续做一个谦虚、有礼貌的好孩子。

社会中的我——有礼

王雨菲　指导教师：郭丽洁　吴茜

从小就听父母讲过"孔融让梨"的故事，自小就懂得礼让是一种美德。可是在生活中，年幼的我可不顾什么道理。

升旗仪式上学生开展"'六种美德'黄胄少年说"活动

记得小时候，我特别爱吃荷包蛋。一天早上，爸爸做了两碗鸡蛋面，一碗里面可以看到一个荷包蛋，另一碗里看不到荷包蛋。

爸爸对我说："你选一碗吧。"

我不假思索地说："当然是那碗有蛋的啦！"

"不后悔？"

"不后悔！"

"孔融让梨，你就不能让给爸爸一个蛋吗？"

我小声嘟囔："老是拿我和别人比……"

"好"爸爸边说边把那碗面推给了我。我美滋滋地吃了起来，不一会就吃完了。歪头一看爸爸，只见爸爸嘴里吃着一个，碗里竟还有一个，爸爸看看我说："要想得益，先得礼让！"

从那以后，我明白了，无论何时，我们都需要学会礼让。

家长寄语：礼让，本身就是一种获得。

扶不扶

何煜璞　指导教师：郭丽洁　祁少蒙

尊老爱幼是中华民族的传统美德，我的邻居龙龙是个助人为乐的小男孩，他总是会在别人有困难的时候伸出援手。

记得有一次，我们小区有一个老奶奶摔倒了，这个老奶奶是个蛮不讲理的人，连事情都没弄清楚就随便怪罪别人。我们都不想去扶她，万一摊上什么事了怎么办。但唯独龙龙没有这样想，我看出他想去扶老奶奶，我拉住他说："我劝你别去！""为什么？老人摔倒我们应该去扶起来，不然，我们算什么少先队员？"龙龙说。"不是我不愿意去扶，道理很简单，老人大都患有心脏病、高血压、脑血管疾病，摔倒以后，他们如果是自己爬起来，根本就不会落下后遗症。一旦被别人用强大的外力硬生生地拽起来，就很有可能造成非常严重的后果，轻则落下严重的疾病，重则就会丧命。兹事体大，岂能不仿古人云：'老吾老以及人之老，幼吾幼以及人之幼。'人与人之间互相帮助，这是传统的美德，应该赞扬。但是，在帮助摔倒的老人这件事情上，必须谨慎行事。"但龙龙还是去扶了，开始他先站在旁边观察，等老奶奶有想起来之意时，他才上前去小心翼翼地搀扶她。事情果然不出所料，没等龙龙解释老奶奶就开始破口大骂，还好卖菜的阿姨看到了这一切，如实告诉了老奶奶，她这才平静下来道谢，龙龙也清白了。

我们以后也要做像龙龙这样助人为乐的好少年。

家长寄语：当你想帮助别人的时候，不要犹豫。

帮助别人　快乐自己

张婉婷　指导教师：郭丽洁　祁少蒙

一颗种子，只有经历了风风雨雨才会长成参天大树。人也一样，就像"不经历风雨，怎会见彩虹"。在我们的身边有许许多多的经历和故事值得我们回味。

党员教师活动

    在一个烈日炎炎的中午，爸爸带我去团结湖水上乐园玩，好不容易挤上公交车，这时有一位阿姨要准备下车，好几个人都要去抢座。可是哪能抢过眼疾手快的我呢？我一下子就挤了过去坐了下来，得意的我还没有高兴过来，这时上来一位白发苍苍的老奶奶，车上的人又很多，谁也不愿意给老奶奶让座。我当时看了就想让座给老奶奶，可是又转念一想，让完座后我就得站着，车上的人又多又挤，再加上车里又闷又热，哪有坐着舒服呀！就在我犹豫的时候，坐在我旁边的一位老爷爷给让了座，可是老奶奶给推辞了。这时我就毫不犹豫地站了起来让老奶奶坐下，老奶奶就连声说："谢谢，谢谢你小朋友，你太懂事了！"旁边的叔叔阿姨就用微笑的目光看着我，我心里非常高兴。可是又一想到我刚开始的犹豫，心里感觉很惭愧。

    通过今天让座的一件小事，让我感觉到"帮助别人，快乐自己"。好事都是积累起来的，多帮助别人，对我们的成长有很大好处。

    家长寄语：送人玫瑰，手有余香。

美德故事

童欣　指导老师：李凯　董佳

前几个月，发生了一件事，让我了解了许多文章上说的"其实这件事，看起来简单，做起来难"的意思。

那一天，我像往常那样坐上拥挤的57路公交车。57路公交车每一趟都需要等很长时间。你如果赶不上那一班车，那就需要等许久才能坐上，而且每辆车都很挤。

好不容易挤上了车的我，看到了一个座位是空的，平常人站个三十多分钟腿就麻了，恨不得坐在地上，更何况已经站了将近一小时的我呢？我以豹的速度立刻坐上了座位，而且舒舒服服地坐着。

可是我才坐了没多久，一位老人和一个怀孕的阿姨就上了车，一位叔叔给孕妇让了座，但那位老爷爷还在拥挤的人群中坚强地站着，但看起来很辛苦。

我原本指望车里的某一位能让个座，但看着车里安静的人群，我的希望破灭了。我看了看胸前的红领巾，又摸了摸酸楚的腿，思索着到底让不让座。

让座吧，对得起我胸前的红领巾，但就让腿更酸了；不让的话，腿舒服了，但就对不起我胸前的红领巾了。我思考了几分钟，又看了看快要坚持不住的老爷爷，立刻从座位上站起来，把座位让给了老爷爷。老爷爷一边夸奖着我，一边吃力地坐上座位，并且脸上洋溢着幸福的笑容。

通过这件事，我明白了帮助人这件事，看起来简单做起来难。看着舒服坐着的老爷爷，我笑了。

家长寄语：孩子的表现很不错，把在学校里学到的知识得到运用，且知道怎样做才是正确的，望以后继续保持乐于助人的好习惯，做讲文明懂礼貌的好孩子。在校期间望老师对她更加严格要求，同时也感谢老师的付出，谢谢！

团员教师宣誓

我的美德故事

王甫东　指导老师：李凯　董佳

乐于助人是中华民族的传统美德，我就遇上了一位好心人。

6岁的一天，我去买面条，在回来的途中，实在是太热了，便想赶紧回家吹空调，于是，我飞快地跑起来。突然发现前方有一大块很滑的泥巴。我立即来了一个"急刹车"，可车没刹住，滑倒后屁股摔疼了。

"好痛啊！"我痛哭起来，可是，从我身边走过的那些人都远远的绕过，谁也不肯帮助我。这下，我哭得更伤心了。

突然，有一位陌生的阿姨看见我就飞快地朝我跑来。阿姨小心地把我从地上扶了起来，我突然发现我的衣服脏了，而且我腿上的皮还掉了一大块！阿姨看见了，急忙把我扶回她家，和蔼地问我："小朋友，你没事吧？"我一时感动得说不出话来，眼泪在眼眶里打转。过了一会儿后，才支支吾吾地说："我……好痛……"

阿姨拿来止痛药给我抹上。虽然很痛，可我还是忍住了。抹好了以后，阿姨问我："小朋友，你先在我家休息一下，等会儿我送你回去！"我含着泪点了点头。

"乐于助人"虽然只有仅仅四个字，却包含了无穷的力量。让社会和谐，让关系美好。让我们从身边做起吧！

家长寄语：　话很好说，做到却很难。

我的美德日记

唐哲远　指导老师：李凯　张宏梅

北京精神中就有宽容，我们学校的六种美德中也有宽容。可见宽容在我们人与人之间的交往中有多么重要。

记得上周周五的午休，英语马老师正在批改作业。突然，红笔没水了，笔袋儿还在办公室的桌子上，去取一趟得要好长时间，马老师便向我们借一下红笔。我们争先恐后地从笔袋儿里拿出红笔，马上从座位上站起来一路小跑过去递给马老师。只有我和小刚、熊汇清、杜冰岑还有杨城鑫率先跑过去，马老师要借的红笔是要有按动笔芯儿的，只有我和小刚的红笔是这样的。小刚为了抢先一步把他的红笔给老师，一手抓住我的红笔不放，我使劲想从他手中拔出我的红笔，只听"咔啦"一声，我新买的红笔这就断了，

黄胄艺术实验小学开展"手拉手"活动，给友校赠送书包和书籍

"弹簧、笔芯儿、碎笔壳儿……"撒了一地。小刚见状，连忙给我捡了起来，连声说："对不起，对不起……"说完还要赔钱。我连忙说："不用给了，不用给了。"事情这才罢休。

　　同学之间要宽容友善的交往，一些"鸡毛蒜皮"的小事，根本可以忽略不计。谁叫我们是同学呢？你身边有没有这些事呢？你能告诉我吗？

　　家长寄语：同学之间互相谦让，你会拥有更多的朋友。

美德故事

张乔雅　指导老师：李凯　董佳

　　我和爸爸去书店看书，在途中发生了一件让我永远难忘的事。

　　在公交车上，一位孕妇正坐在座位上，这时，上来一位老奶奶，她径直走到那位孕妇前，要求她让座，孕妇却说："您自己找个位子

北京市课题观摩活动

吧，我有身孕不能起身。"老奶奶无奈地摇摇头。突然，爸爸小声对我说："乔雅，你应该让座呀！"我不解地问："为什么呢？那位老奶奶明明让阿姨让座呀。"爸爸没说话，他让我看看车上的提示语。我一看才恍然大悟，急忙站起身要给老奶奶让座。

这时，一位大姐姐走到老奶奶面前指着一个空位说："阿姨，您到那里坐吧，我快要下车了。"说完便走到车门边等候下车。老奶奶面露感激之色，走到空位旁就坐下歇息了。我也不禁佩服起那个姐姐来。

突然，那个姐姐的一个举动，让我彻彻底底的改变了对她的看法。只见她在车刚要转弯的时候，以迅雷不及掩耳之势从车窗丢了一块果皮出去，随后，便若无其事的又在看风景了。但这一切，都被我看见了，我想：这姐姐怎么回事，让座挺积极，到了保护环境上却做的一点儿也不好。

我又向窗外看去，一位环卫工正在打扫环境，虽然只是看了她一眼，但我内心也有很大的震撼，一个小小的环卫工，却时时刻刻保护着我们的环境。

很快，我就要下车了，但我却有了对人性的另一种感悟。

家长寄语：尊老爱幼是传统美德，保护环境人人有责。

/二/ 劳动勤学篇

爱劳动的韩乐言

叶嘉奕　指导教师：郭丽洁　边亚梅

韩乐言是我们班的图书委员，她每天只要一有空，就帮同学们借书、还书。

一次中午，韩乐言吃完午饭，就走到电脑旁给同学们登记，来登记的人非常多。同学们有的争着吵着要登记，有的和其他人因为谁先谁后就吵了起来，还有的边排队边跟座位上的同学说话。她耐心地听他们说，就算他们七嘴八舌，她也会让他们一句一句的说清楚。排队的人越来越多，韩乐言手忙脚乱起来，一会儿听这个同学说，一会儿听那个同学说，韩乐言只顾登记，突然脚下一滑摔了一跤。她很勇敢，虽然很疼，但还是咬咬牙坚持下来，面对同学和老师，她勉强露出微笑说："我没事，我还能为同学们登记。"接着她又开始给大家登记。

每次课间都能看到韩乐言的身影，因此大家都很喜欢这个爱劳动的女孩儿，因为她是一个懂得为集体、为班级付出的人，是一个愿意做出贡献的人。

家长寄语：希望你也是一个懂得付出的学生。

勤奋好学的王静

周鑫　指导教师：郭丽洁　边亚梅

我们班上的一名同学非常勤奋好学，但她的学习成绩并不是最好，她叫王静。

王静在上学期的期末成绩不是很理想，所以在本学期她非常刻苦、勤奋地学习。毛主席曾说过这样一句话"世上无难事，只要肯攀登"。王静就像那葡萄架上的一只小蜗牛，正一步一步扎实地往上爬，不怕苦、不怕累，最后终于吃到了美味的葡萄。现在的王静进步很大，上课专心听讲，积极回答问题；下课她认真完成在校作业，不懂的问题她就会向老师和同学请教，不像别的同学觉得不懂就问是一件很丢人的事情。王静学会之后还会主动帮助其他同学和她一起进步。王静的字也写得漂亮、整洁，这也是她一点一点练出来的。王静的进步很大，学习成绩也提高了。不断努力的王静得到了老师与同学的赞扬，她心里比吃了蜜都甜。

王静勤奋好学的精神值得我学习，她早已成为我学习的好榜样。现在我想对王静说："王静，你已取得了很大的进步，但你还要更大的进步，希望你加油！"

家长寄语：希望你学习她努力刻苦的精神。

勤奋学习的好同学

韩乐言　指导教师：郭丽洁　边亚梅

我以前总觉得学习非常枯燥，但当我遇见她后，才知道学习是为自己学的；当你做好准备后，会发现学习很有趣。

她长着一双大大的眼睛，平常梳一个马尾辫。她就是我们班的叶嘉奕。她性格活泼开朗，非常阳光，有许多朋友。更重要的是，她学习非常勤奋，碰到不懂的问题就会问老师，直到问明白为止。这样不算勤奋吗？

叶嘉奕懂得如何充分利用时间，记得有一次劳动课上，老师说可以写一会儿作业或者干自己的事情。许多同学都下座位玩，可是她没有这样，她安安静静地写着老师布置的作业，丝毫不受外界的干扰。这样不算勤奋吗？

叶嘉奕还经常给作业不会写的同学讲题。有一次，我有一道应用题不会改，看到我焦急的模样，她便教我改题。她讲得非常清楚，使我很快就会了。她给同学讲题，既教会了别人，又给自己温习了一遍，岂不是一举两得？这样不算勤奋吗？

叶嘉奕的身上还有很多优点，我要向她学习。

家长寄语：学习别人的优点，审视自己的缺点。

黄胄美德少年

彭玉琳　指导教师：郭丽洁　边亚梅

只要一提到"黄胄美德少年"，我心里立刻就有了答案——彭芮。

彭芮是我们班的大队长，她身上有数不清的优点，比如说勤奋、乐于助人……今天我就说一说她身上的一个优点——勤奋。

一个课间，同学们在班里玩耍、闲聊，声音特别的大，害得彭芮需要不停地维持班里的纪律。但这些情况也减少不了喜爱读书的她的阅读时间。因为课间要去值周或维持纪律，所以她总是抓紧一切时间来阅读课外书。她常常说："时间就像海绵里的水，需要挤压，需要争取，才能获得更多。"

作为大队长的彭芮，课间要去值周，没有时间背课文。一到中午吃饭，她总是早早地吃完饭就开始认真背诵课文。

"勤奋是成功之母。"这是桥梁专家茅以升所说。勤奋是成功的第一步，我要向彭芮学习。

家长寄语：宝剑锋从磨砺出，梅花香自苦寒来。

我身边勤奋学习的榜样

章乃文　　指导教师：郭丽洁　　边亚梅

记得是去年的一个夏天，天气十分炎热，没有一丝凉气。

我吃完午饭，趴在桌上打瞌睡，这时讲台上传来老师的声音："今天写完并改完'黄冈作业'第5页的同学才能走，没有写完、改完地留下来接着写。"于是同学们就开始埋头写，但却因为天气热只能写一会儿再休息一会。

我想：现在这么热，也写不了多少，还不如课间再写呢！下课了，彭芮把刚写完的"黄冈作业"交给了老师。我看着自己一笔没动的作业，心里既有敬佩，又有羞愧，还很后悔。彭芮虽是"三道杠"，但比我要干的事情还要多，却不怕炎热地把在校作业写完了。

我现在就已经开始节约、珍惜时间，会利用一点一滴的时间学习了！

家长寄语：我们可以在有限的时间里去做无限的事情。

只要努力就会有收获

汪若静　指导老师：李凯　张宏梅

世界上没有不学就成才的天才，只有付出汗水和努力才会成功，每个人都是。

我就是一个例子。记得我一年级的时候，学习很差，老师总是请家长，二、三年级也是这样；直到四年级时，我在上语文课时，看到了"天才是百分之一的天赋，百分之九十九的汗水"这句话时，我突然找到了我成绩不好的原因，那就是——我付出的努力不够，学习不够刻苦。

于是，在以后的日子里，我每天抓紧时间写完作业，然后认真复习和预习课文，郎读、背诵英文，把玩的时间全都用在了学习上。

渐渐地，我的学习有了明显的进步，得到了老师的夸奖，令我非常高兴。现在我五年级了，三科（语文、数学、英语）成绩都有了突飞猛进的提高，使我有了更大的信心，也使我很开心。每天，我认真的听课，掌握了老师所教的知识，并很轻松地完成了作业，使我学习得更有劲头了。

是啊，天下没有不需要付出就能收获的事情，只要努力就会有收获，让我们一起冲向成功的终点吧！

家长的话：孩子在四年级下学期以前的时间里，每次回来写作业都很慢，效率低，每天晚上写到很晚，然后第二天早晨起床都是起不来，学习成绩一直也不好，我一直为这事挺担心。后来在四年级下学期孩子忽然就改变了学习的状态，作业都能很快写完，学习成绩也提高了。

美德小故事

刘欣奕　指导老师：李凯　董佳

我们大家都知道，"黄胄少年说"有六种美德。我的美德就是学习中的我——勤奋。下面我就来讲一讲我的美德故事吧！

我为什么要这么说呢？因为我在学习上比别人勤奋的多。当时我每天都有复习英语的作业。我每次都认认真真地完成作业以后才去睡觉。妈妈经常夸我"你是个好孩子！"我也非常为自己骄傲！但有一次，我因为有事情八点半才回到家。写完作业，已经九点多了！妈妈让我直接上床睡觉，可我却想起了我的英语作业。于是我便坚持完成了这个作业。在我完成作业的过程中，看着我是哈欠连天、睡眼惺忪的样子，妈妈几次要求我上床睡觉，可是我都拒绝了。妈妈再次表扬了我，说我是个持之以恒的孩子。

还有一次，我考试只考了81分，这是非常差的分数了，回家我把卷子给爸爸妈妈看，爸爸妈妈说了我几句就帮我签上了字。从此我更加努力学习，直到自己能熟练掌握知识为止。第二次考试，我考了97分。自己露出了满意的笑容。我心里想：这都是我不懈努力的结果呀！

而我平时天天自己在家做着提高的练习题，但分数都没上过90分。但我一点儿也没有退缩的打算，依然天天坚持这样做。终于，我又一次在测试中考了92分。我又笑了，我明白了：这世上只要你认真，就没有什么做不到的！世上无难事，只怕有心人啊！

我的美德故事，说不完！待续……

家长寄语：孩子学习有他自己的方法，家长其实并没有给予过多的干预。重要的是让孩子养成爱学习的习惯。让他觉得学习不是一种负担，在学中玩儿，在玩儿中学。我们不想给孩子过多的压力，成绩并不能代表一切。勤奋也不单单只在学习上，完美的性格才能塑造孩子的一生。我希望我的孩子可以快乐地成长！不要让学习成为负担，阻碍追逐属于他自己的梦想。哪怕不一定出人头地，哪怕以后会风餐露宿，这都是属于他自己的人生经历。现在再好的学习成绩也不能说明将来的一切，勤奋，更多的是附着于人生的道路！

/三/ 坚强知恩篇

生活中的我——坚强

韩朝晖　指导教师：郭丽洁　吴茜

一次，我看到那些熟练滑雪的人们，心中十分羡慕，便下决心学习滑雪。

爸爸把我送到儿童练习区后，便离开了。我想：爸爸不管我了，我要自己学，我不由自主的跨步向前。叭！脚下一滑，我摔了个大跟头。身穿厚厚的滑雪服，摔一跤一点都不疼。我扶着身旁的栏杆，费力地爬起来，一个趔趄，我又趴在了地上，看着身边嗖嗖穿过的人们，我的脸一下子就红了。人们似乎在笑我：哈！她连站都站不稳，怎么滑呀？我的意识从惊慌中恢复，又从地上爬了起来，拍拍身上的雪。用坚定的眼神注视着前方，心里暗自加油：不要灰心，相信自己，你是最棒的！我扶着栏杆，一只手缓缓移动，另外一只手滑动滑雪杆，像乌龟似的缓慢前进。不一会，我不用扶栏杆了；又过了一会儿，我可以滑得快一点了……

第二天，我又来到滑雪场，与昨天的我完全不同，这是一个充满自信的我，这是一个坚强的我，今天的滑雪场，成了我的舞台。

家长寄语：继续坚持！

知恩报恩　学会孝顺

林子欣　指导教师：郭丽洁　吴茜

中国有句古话叫"百善孝为先"。孝顺父母，位居"百善"榜首。

以前的我，不知道心疼父母，妈妈睡觉时，我总是吵吵嚷嚷，妈妈都睡不好觉了。我还总是因为一些小事和妈妈发生矛盾。妈妈讲道理时，我还和她顶嘴。但自从我看了一些名著之后，才明白孝顺有多么重要，而且不是嘴上说说就可以的。

有一次，妈妈吃错了东西拉肚子，去医院买了一些药服下，却还是拉肚子。在她休息时，我安静的吃完饭，蹑手蹑脚地去写作业了，生怕吵醒妈妈。过了一会儿，隔壁的宋阿姨听说妈妈生病了，过来看望妈妈。正巧看到我在客厅写作业，就高声问道："子欣，你妈妈在吗？我来看她了！"我连忙说："阿姨，请您小一点声，我妈妈在睡觉。"阿姨笑了笑。后来，我听宋阿姨和我妈妈说我比以前孝顺多了。妈妈说："是啊，这孩子长大了，也懂事了！知道疼人了！"我心里甜滋滋的。

父母是生育我们的恩人，我们要知恩报恩，要学会孝顺。

家长寄语：懂事的好孩子，愿你坚持。

孝顺的姐姐

苏亚楠　指导教师：郭丽洁　吴茜

我的姐姐既是一个爱学习的孩子，又是一个孝顺的孩子。

有一次，我去找姐姐玩的时候，姑姑恰巧生病了。姐姐正在忙碌着，她先去给姑姑熬药，熬完之后，用勺子一勺一勺地喂姑姑吃。接着又去做饭，做完之后，先喂姑姑吃，她自己再吃。

还有一次，姑姑和姑父下班晚了，姐姐没有等姑姑回来做饭，而是自己做饭，等姑姑和姑父回来之后再吃。回来之后，姑姑对姐姐说："孩子，你真的长大了，懂事了，变成了一个孝顺的好孩子。"

通过关于姐姐的这两件事情，我有了很大的收获。我觉得我们要向姐姐学习这种孝顺的精神。爸爸妈妈每天都要上班，而且还要照顾我们，真的是十分辛苦。所以我们不要再惹爸爸妈妈生气了，做一个孝顺、懂事、惹人喜爱的好孩子。

家长寄语：孝顺是一种美德，希望你坚持。

家庭中的我——孝顺

韩晨 指导教师：郭丽洁 吴茜

小时候的我虽然淘气，却很孝顺，我懂得为父母做一些自己力所能及的事情。有一天，我要给爸妈做一顿饭。我先把妹妹找来，然后我们就一起正式开始了。妹妹先帮我一起把要炒的菜都洗干净、择干净放到一旁。我又找了一口锅，打着了火，然后我们往里面添了点油，把洗好的菜都放到了锅里，我反复翻炒，然后放一些调味料，最后把菜铲到了盘子里。

晚上，爸妈回来了，吃到了香喷喷的饭菜，他们很开心，还一直夸我说："闺女长大了！知道帮爸爸妈妈分担家务了！"晚饭后，我还帮爸爸妈妈洗了脚。帮爸爸妈妈做这些事，我很开心！

第二天，妈妈生病了，我就学着妈妈以前的样子照顾她。我先给妈妈找了药，然后用水冲开；又给妈妈倒了一杯水，让她喝完，好好休息。最后，妈妈睡了一觉，渐渐的她的病好了，爸爸妈妈都觉得我是他们孝顺的好姑娘。

家长寄语：谢谢你，孩子。希望你继续做一个懂事、孝顺的好孩子。

用心孝顺长辈

金铭宇 指导教师：郭丽洁 祁少蒙

俗话说：百善孝为先。我的理解就是一百种善良中的第一种就是孝，孔子认为自己只要身体好对父母也是一种孝顺。在《水浒传》中有一大人物，他叫李逵。李逵背着他妈妈准备上梁山，可半路上他妈妈渴了，他就放下妈妈去找水，结果他妈妈被老虎吃了。他找到水后回来，发现了妈妈的衣服和血迹，于是，他就寻着血迹来到了一个老虎窝前。他断定老虎就是凶手，冲进去打死了三只老虎，出来时又看见一只，也一块儿打死了。我还听过很多关于孝顺的故事，因此，我理所当然成了一个小孝子。

在家里，我打洗脸水时，我也帮奶奶和爸爸打好。帮奶奶捶背、梳头；帮爷爷倒水，拿碗筷；帮爸爸揉揉肩等。这些简单的小事，只要稍一留心就可以帮家人完成，这就是孝顺，很简单又很困难。简单是因为父母和长辈交给我们的事情都非常非常容易完成，困难是因为我们都十分懒惰。我们认为这是很小很小的事，父母可以自己去做，自己不用帮助父母，可这就是一种不孝的表现。还有一种就是父母供你上学，你却不以为然，上课走神、打瞌睡；而父母在辛苦工作，你回家了，草草地写完作业就出去玩了，父母却在家忙家务，这也是不孝。还有一种人，他的父母含辛茹苦的把他拉扯大，他却总和父母对着干。真看不起他们，因为他们真是一点也不懂事，真是身在福中不知福啊！

孝顺其实可以是世界上最简单不过的事，只要你用一点心就可以做到。现在让我们一起来孝顺我们的父母和长辈吧！

家长寄语：希望你能继续坚持。

我会让爸爸妈妈开心

王雨婷　指导教师：郭丽洁　祁少蒙

从小到大，父母给了我无微不至的爱。记得有一次我生病了，在医院挂点滴，妈妈爸爸为了我来回奔忙。我总想找机会好好报答父母。我觉得往往一些不起眼儿的小事，就会让大人感到幸福和满足。晚上，我在家里写作业，爸爸劳累了一天终于回来了。习惯的说了一声："我回来了。"刚从房间出来的我，望着爸爸疲惫的身影，我想到茶会使人精神，就沏了一杯热茶。放到桌上，说了声："快歇会儿吧，别太累啦。"爸爸欣慰地笑了，高兴地说："我闺女懂事啦。"我心里高兴极了！

周日一早，睡眼蒙眬的我发现妈妈正在拖地，我说了一句："妈妈你歇会儿吧。"妈妈却说："没事儿，马上拖完了。"我心里有点过意不去，我默默地拿起拖布帮妈妈拖地 。妈妈看见了，夸奖我说："婷婷，真懂事儿。"我却觉得自己以后应该更加自觉。

夜静悄悄的，妈妈坐在桌子前认真的算账。我从睡梦中起来，给妈妈泡了一壶咖啡，拿了几块松饼递给妈妈吃。并对她说："早点休息，别太累了。"妈妈高兴地说："真乖，早点儿休息，明天还要上课呢。"我甜甜地说："知道啦，你也早点休息。"我回到床上，这一觉睡得格外香甜。

我爱我的父母，他们对我的付出是我无法回报的，我会从点点滴滴做起，让父母开心。我会在父母生病时照顾他们，在父母遇到危险时我会奋不顾身。我爱我的父母，永远，永远。

家长寄语：你是一个懂事的孩子，希望你越来越好。

家庭中的我孝顺

张宇佳　指导教师：郭丽洁　祁少蒙

我有一个快乐的家庭，家里有爷爷、奶奶、爸爸、妈妈和我。在家时妈妈经常跟我说：要孝顺爷爷奶奶，照顾他们，并且告诉我孝顺是中华民族的美德。

奶奶眼神不好，带我出门时，我会扶着奶奶下楼梯，告诉她小心台阶，奶奶每次都会说："谢谢你，宝贝。"

妈妈有时工作很忙，下班很晚，到家很累，我看到妈妈很辛苦，就会给妈妈沏一杯热茶。妈妈会开心地对我说："宝贝，真乖！谢谢你。"每到周末的时候，妈妈总会给我做好吃的，一忙就是一上午，等到吃完美食后。我就会抢着刷碗，打扫厨房，倒垃圾，擦餐桌。

到了晚上，我会给妈妈打上一盆洗脚水和妈妈一起泡脚。每到这时我和妈妈都会互相搓脚丫，这时我俩都很开心。妈妈每次都会表扬我说："宝贝你真是个孝顺的孩子。"这个时候我都会说："您不是说孝顺是中华民族的美德吗？"

家长寄语：希望你能继承中华民族的传统美德。

我是这样孝顺长辈的

孟云鹏　指导教师：郭丽洁　祁少蒙

在一个周六的下午，妈妈和爸爸都去上班没有在家，我正在写作业，奶奶在看电视。突然，奶奶觉得不舒服，奶奶叫我，"大鹏快过来"！我问："奶奶怎么了？"奶奶说："可能心脏病犯了。"我赶快给奶奶找治心脏病的药，等奶奶吃了药后。我穿上外衣，扶奶奶下楼去医院。

到了医院，医生说要让奶奶做心电图和CT，我扶着奶奶到了做心电图和CT的大楼，和奶奶等了几分钟医生还没来，我下楼去找医生，到了一楼我看见医生推着一个很大的机器，我心里很紧张，怕奶奶的病很严重。奶奶进了CT室过了好几分钟才出来。我问奶奶："怎么样了？"奶奶安慰我说："没事，别着急。"我看得出来奶奶还是很不舒服，我扶着奶奶到急诊室门口，让奶奶坐在那里等。我来来回回跑了好几趟，帮奶奶取化验单，取完化验单我到急诊室扶奶奶去医生那儿，医生看完化验单说："心脏不太好，而且血压太高了，要输液。"我心里很着急，赶紧给奶奶缴费取药，好让奶奶赶紧输上液。陪着奶奶输完液，奶奶感觉好多了，我心也踏实了些。陪着奶奶我们一起回到了家。

第二天，奶奶对爸爸妈妈和爷爷说："昨天我心脏病犯了，大鹏可着急了，帮我倒水拿药，还陪我到医院去看病。医院里楼上楼下的给我取化验单，生怕我有什么事。大鹏真的长大懂事了，知道在大家都没在的情况下关心我、照顾我，真是让我感动。"爸爸、妈妈和爷爷听了，都夸我懂事，是个孝顺的孩子。我知道这都是我应该做的，孝顺长辈是我们中国的传统美德。

家长寄语：你真是一个有担当又孝顺的好孩子。

第三章

新童谣创作与学生习作

一切为了孩子
一切为了明天

学雷锋　践行北京精神
——做文明有礼的北京人新童谣创作活动

　　为进一步弘扬北京精神，我校开展"学雷锋　践行北京精神——做文明有礼的北京人"主题活动，充分展现同学们积极参与环保小卫士、文明宣传员、文明引导员、爱心小使者、家庭小孝星等学雷锋志愿服务体验活动的经历、感想、体会与效果。本次活动以开展童谣创作的方式征集同学们创作的新童谣，参加朝阳区优秀新童谣的评选。我校一至六年级学生全员参与，一年级学生可邀请家长协助共同参与童谣创作活动。下面就是此次活动中部分优秀的作品。

/一/学习雷锋篇

学习雷锋人人夸

李　宇

雷锋精神传万家，我们都要学习他。
艰苦朴素好传统，助人为乐爱大家。
对待自己严要求，对待同志宽以厚，
他的精神传天下，学习雷锋人人夸。

拍手歌

王维胜

你拍一，我拍一，雷锋精神要学习。

你拍二，我拍二，同学之间要关爱。
你拍三，我拍三，助人为乐要争先。
你拍四，我拍四，我们做事不自私。
你拍五，我拍五，包容厚德讲民主。
你拍六，我拍六，文明北京建成就。

学雷锋

张乔雅

学习雷锋好榜样，这首歌儿年年唱。
雷锋精神鼓舞我，为人名服务记心上。
艰苦朴素好传统，螺丝钉精神不能忘。
助困扶贫出把力，人民冷暖记心上。
处处为民做好事，雷锋精神要发扬。

就让雷锋住我家

刘欣奕

三月新开迎春花，花香飘进千万家。
老师同学都知道，雷锋精神传天下。
就让雷锋住我家，我用清水浇灌他。
让他生根又发芽，雷锋精神传天下。
就让雷锋住我家，我用劳动耕耘他。
让他雄伟又挺拔，雷锋精神传天下。
就让雷锋住我家，我用好词歌颂他。
让他辉煌又伟大，雷锋精神传天下。

学雷锋践行北京精神

张灵芝

做文明有礼的北京人，保护环境，从我做起，
文明宣传，文明引导，垃圾分类，千万牢记。
孝敬老人，人人牢记，感谢老师，教我知识。

学雷锋，讲文明

简文杰

学雷锋，我动脑；讲文明，有礼貌；
在家里。敬父母；到学校，尊师长；
和同学，团结好；老师奖励操行好，
爸妈夸我好宝宝。

学习雷锋

简文浩

墙上挂着雷锋像，头上红星闪闪亮，
爷爷经常对我讲，学习雷锋好榜样。

/二/北京精神篇

北京精神永在心

李　宇

北京精神牢记心，价值意义在于心。

爱国要有感恩心，创新要有进取心。
厚德要有纯洁心，我们大家都用心。
小朋友们立志愿，北京精神永在心。

北京精神共展现

张　晴

中华文明五千年，华夏儿女共创建。
爱国人人都有责，创新技术搞贡献。
包容天下不平事，厚德载物来体现。
小朋友们齐努力，北京精神共展现。

北京精神共勉励

张　晴

爱国从小要牢记，点滴从我来做起。
积极探索搞发明，创新时代高科技。
包容他人互沟通，共建文明齐努力。
厚德彰显真善美，北京精神共勉励。

做个北京好娃娃

张楚奇

首都北京我的家，北京精神人人夸。
爱家爱校爱中华，乐学尚美创新佳。
律己宽人容天下，厚德载物代代夸。
字字句句请牢记，做个北京好娃娃。

我是北京小公民

张宇佳

我是北京小公民，北京精神记得牢。
创新北京你和我，厚德北京大家创。
和谐北京携手建，包容北京世界美。
爱国永远记心中，要做好人和好事。
学习雷锋好榜样，争做文明北京人。

北京精神歌谣

孙　晨

关心时事爱国心，勇担责任扬正义，
弘扬文明创新心，努力学习图进取，
海纳百川包容心，团结和谐一家人，
待人做事厚德心，道德修养要常记。

好少年

韩乐言

北京精神要牢记，爱国就像爱妈妈。
创新学习不怕苦，互相包容见友谊。
崇尚厚德是品质，争当北京好少年。

人人献爱心

刘　骁

北京城，人民多，家家包容献爱心。
一支笔一书包，贫困学生感动多。
积少成多一元钱，奉献爱心——感天地。

/三/环保小卫士篇

做个环保小卫士

谢瑞奇

人人一定要环保，植树造林不可少。
垃圾分类要注意，白色垃圾要灭迹。
汽车尾部有毒气，骑车环保又健体。
地球资源很紧急，浪费水电最可气。
大家齐心和协力，环保卫士我做起。

我是环保小卫士

范紫君

我们家门前有一个小花园，
人人都爱它，
可锻炼，可休息，
可赏花，可玩耍，
草儿青，花儿香，
大树底下好乘凉，
美好环境大家爱，
环保卫士保护它。

环　保

李文涵

卫生要搞好，环保更重要。

墙角捡起一片纸，扔进小小垃圾桶。

阿姨夸我好孩子，环保要记牢。

/四/文明礼仪篇

我第一

曾维恩

同学们，要牢记，父母辛苦莫忘记，
家务能做就要帮，家庭和睦我第一。

给奶奶洗脚

张乔雅

月亮升到天空了，星星眨着眼睛笑。
奶奶屋里看电视，我在一旁来思考。
奶奶对我这么好，我要为她做点啥。
才能把她来报答，端来一盆洗脚水。
水的温度恰恰好，我给奶奶来洗脚。

轻轻搓来轻轻揉，奶奶开心眯眼笑。
用手摸着我的头，连连夸我做得好。

扫 雪

季朗辉

北风吹，雪花飘，落满村头小石桥，
我挥扫帚扫干净，来往行人不摔跤。

三字童谣

高 吉

人之初，有华夏。民族众，爱国家。
将创新，要强大。矛盾起，包容他。
厚德载，佳承发。新北京，精神佳。

文明礼貌歌

彭 芮

你拍一，我拍一，上课听讲要专一；
你拍二，我拍二，举手发言勇敢点；
你拍三，我拍三，好好学习勤又专；
你拍四，我拍四，文明礼貌四个字；
你拍五，我拍五，完成作业不马虎；
你拍六，我拍六，学习虽好仍不够；
你拍七，我拍七，全面发展争第一；
你拍八，我拍八，北京精神在光大；
你拍九，我拍九，勤俭节约都要有；
你拍十，我拍十，做个文明小天使。

数字歌

叶嘉奕

一二三四五，读书不怕苦；

五四三二一，考试争第一；

六七八九十，学习要踏实；

十九八七六，方法要吃透；

一三五七九，学习要讲究；

二四六八十，成绩要保持。

/五/学生习作展示

观察日记五则

郑婧　指导老师：刘宏杰

2015年10月22日　星期四　天气：阴

为了完成观察日记这项作业，徐琳同学拿来了三瓣大蒜泡在水里让大家观察。泡蒜的小白碗放到了教室的窗台上，老师还给它们拍了张照片。

三瓣大蒜白白胖胖的，用一根绿色的铁丝串成了一圈。它们像三个要好的小伙伴手拉手围在一起做游戏。我要好好观察它们，看看这几天它们能变成什么样子。

2015年10月23日　星期五　天气：阴雨

今天快放学的时候看了看昨天泡的大蒜。太让人吃惊了。三头大蒜顶都出了小芽，有大约6毫米高。出芽的地方有些发紫，冒出的小芽白白的，透着一丝嫩绿，还有点发黄。其实昨天下午我就发现大蒜的顶部被顶开了一条小缝，冒出了一点儿小芽，只是它太小，如果不仔细看，还真不容易发现。

换水的时候我发现，每头大蒜的根部都有一圈细细的白色根须。神奇！太神奇了！没想到它们长得这么快。今天是周末，再见到它就是周一了，不知那时候它们会是什么样子。我期待着。

2015年10月26日　星期一　天气：晴

休息了两天，不知我们泡的蒜成什么样子了，还没到学校，我的心就已经飞到教室了。

走进教室，第一眼就看到了它——高出碗沿大约1厘米的蒜苗。我急忙跑过去，仔细地观察。三头大蒜都长得很健康，冒出的蒜苗约4厘米高。白胖胖的蒜头上顶着嫩绿嫩绿的蒜苗，那样子真的很可爱。冒出蒜苗的地方有些发紫，比前两天颜色加深了。再加上长长的蒜根，变化可真不小。

徐琳同学对它最上心，每天都要小心翼翼地给它换水。我想，明天它一定还会再长高些的。快点长吧，三个蒜宝贝！

2015年10月27日　星期二　天气：晴

今天看泡蒜，发现它又长高了，这一夜的时间长了大约1厘米左右。好快呀！厉害！我还发现，上边的绿苗长，根部的白须也长，像是在比赛。

2015年10月28日　星期三　天气：晴

分成两瓣的绿苗又长高了一大截，约有8厘米高了。越往高长它们分开的距离就越大，像是张开做出的V字形的剪刀手。绿苗的顶端有些微微的发黄，不知是什么原因。

看着这三头大蒜这几天来的变化，我写下了好几篇日记。它们的变化真不小，真有意思。

一次有意义的校外写生

吕大为　指导老师：刘宏杰

今天吃过午饭我和班里的其他两位同学在美术冯老师的带领下，去参加校外写生活动。

我们带好写生用具来到校园门口，校车已经在等候了。上车后发现还有四年级其他班的几个同学，司机叔叔已经提前把空调打开了，所以车里并不热。

在校车慢慢地行驶中，同学们观赏着一路的风光，我们来到了自来水抢险大队。首先冯老师带我们来到了停放抢险车的停车场，这里有各种不同工种的抢险车，有输水车、挖掘机、指挥车等，我们看得目瞪口呆，原来抢险车有这么多种，它们各有各的用途，今天真是大开眼界、大长见识了。

冯老师让大家选一辆自己喜欢的抢险车开始画，停在我旁边的是一辆挖掘机，于是我就地拿出画画用具，开始专心地画起来。我先仔细地打量这台挖掘机，之前都是在电视里看到它，并不觉得它有那么的高大，离得近了，感觉可大不一样。它好大好震撼啊！

我画的很仔细、很认真。美术老师不时地来辅导我，并帮助我构图、改画法。在我改过冯老师提醒的几处不到位的地方后，我的作品终于完成了。

嘿！画纸上的挖掘机很威武呢！我突然想到工人叔叔开着它紧急抢险的情景。这台先进的挖掘机去过多少个抢险现场，又挽回过多少损失，我心里对它和开着它的人感到无比的敬畏。

今天的写生活动特别有意义，不仅我画画的技艺有了进步，而且我还了解到抢险工人的辛苦和各种抢险车的用途。

记一次写生活动

武蔷　指导老师：刘宏杰

我喜欢看书、喜欢旅游，还喜欢玩电脑……如果你问我最喜欢的是什么？我会毫不犹豫地告诉你："画画！"

今天，学校组织我们开展写生活动，我的心情格外开心。在去写生之前我就一直在想：写生地点到底是怎样的？是安静的公园，还是繁华的街道？可去了之后我大吃一惊，那里只是一个满地石土，满院汽车的空场地。和我想象的完全不一样，我以为就要画这些看起来很旧的汽车。原来，学校组织我们来是为了让我们了解更多的排水工作和排水工具，在这里最抢眼的车是北京防汛指挥车。管理人员还让我们六个一组去体验指挥车，车上还有工作人员给我们讲解车上的设备与装置，我们听得可带劲了，真是增长了不少知识。

参观结束后，我们开始画画。老师说："大家可以画排水工作现场，也可以单独画一辆排水工具车。"我选择了画排水工作现场，我用铅笔把我想画的都画了下来：指挥车，挖掘机和盛水车。最后用我们学校发的丝滑炫彩棒和彩铅涂了色，最终完成了我的杰作。老师还夸我画的不错呢！

今天的写生活动很有意义，让我了解了排水车及排水抢险的许多知识，也锻炼了画技，我很高兴。

一次难忘的活动

赵波涛　指导老师：刘宏杰

今天是一个让全校同学欢呼的日子，为什么呢？因为今天我们学校举办庆祝"六一"的活动，所以大家特别开心。

演出还没开始，我就听见台下同学们开始背诵《弟子规》和《三字经》。那声音洪亮又整齐，可又有谁知道，这需要练习多长时间才能背得这么熟练呀！

我是腰鼓队的一员，当上台表演的时候还真是紧张呢！台下人山人海，换成谁都会紧张的；但我很自豪，因为这是我第一次上台表演。台上的我表演的可认真了，我面带微笑，随着节奏敲着、舞着。当大幕拉上的时候，我们都露出了自豪的微笑，我听到台下响起了热烈的掌声，我心里乐开了花。

我也特别喜欢二年级小同学表演的拉丁舞。我万万没想到，二年级小同学只用了短短几个月的练习时间，竟然能表演出如此优美的舞蹈。看！台上的小伙子是那样英俊，小姑娘是那样漂亮，好似一个个舞动的芭比娃娃。

接下来还有健美操表演、心理剧表演等，这些表演都十分精彩。

回家后，我还回味着上午的演出。这次我上台表演了，希望下次能有更多的同学一起上台表演。

做个儿子不容易

张佳磊　指导老师：刘宏杰

我是妈妈的儿子，也是家里的"小皇帝"，但我这个"小皇帝"当的却极其不容易。

平时，每天上学前，妈妈都要唠叨一通："别忘记带饭盒，想想作业都带齐了吗？水一定要喝光……"诸如此类的十几条规矩，我每天都要听上不止一遍。妈妈，您不烦，我可烦呀！

好不容易盼到了周末，本想踏踏实实睡个懒觉。谁知，一大清早，妈妈又唠叨起来了："快起床吧！看看都几点了！"我迷迷糊糊地下了床，好不容易穿好了衣服；妈妈又唠叨起来了："赶紧洗脸刷牙，然后吃早饭，吃完了赶紧写作业！"妈妈，我不是陀螺，每天被您抽来抽去的，我晕啊！

最可怕的是妈妈背着我还给我报了几个辅导班，也不征求一下我的意见，我这个"小皇帝"根本就没有发言权啊！

妈妈，我知道您是为了我好，但我不是小孩子了，我是一名四年级的学生了。许多事我能自己做主了，自己的许多事能自理了，您能放手让我练练吗？

哎！我这个"小皇帝"，当的不容易啊！

不劳而获的下场

刘照君　指导老师：任义

我是一只快乐的小鱼，叫菲比，我和爸爸妈妈生活在一个池塘里。

今天，我开始了我的捕食之旅。临走之前，妈妈叮嘱我："孩子，千万别进那绿色的网，不管里面有多少好吃的。""是啊是啊！上次波比就因为嘴馋而丧了命，"爸爸说。"嗯！我知道了！"我自信地说道。在路上，我四处寻觅比我小的小虫小虾，它们可真难抓，经常让它们逃走。突然，我闻到了一股香甜可口的气味，我准备去一探究竟。我寻着气味，找到了气味的来源。"哦，不！是妈妈说的可怕的网！可是……里面有那么多好吃的……"我自言自语地说。看着那唾手可得的食物，我纠结着。最后我还是钻了进去，因为相比追逐那些灵活狡猾的动物，网里的食物仿佛是摆上餐桌的美味佳肴。吃饱后，我才意识到自己出不去了，因为那张渔网已经开始收缩了。我喊着："爸爸妈妈！快来救我啊！"爸爸妈妈连忙赶到，眼看着网就要被提上去了，"没办法了，我们一家人死也要死在一起！"爸爸妈妈也钻了进来。这时，网被提了上去……

我想我下辈子还做鱼的话，一定要自己捕食，再也不会不劳而获了。

田园风光

胡祎然　指导老师：任义

初到乡村，我感到很不习惯。住的是小平房，走的是崎岖山路，我十分厌恶这个地方。还好农村离省城不远，我每天都缠着同村的小轩哥哥，让他带我去省城。

一个大晴天，我来到小轩哥哥家，高兴地拉着他的手，准备和他一起去省城公园。令我万万没想到的是，他带我走了另一条路。当我问他为什么时，他对我说："乡村有很多'好玩'的东西，今天我带你去另一个村子。"我诧异地看着他，要知道，要从这儿到另外几个村子，少说也得翻两三座山。我实在不想去，但毕竟人家是好意，就这样拒绝不大好，我只好硬着头皮跟他走了。

来到山前，只见绿色连着绿色。"没有泥巴吗？"我问小轩。"泥巴吗？总会有的，不过不多。"我感到奇怪，在我印象中，山里的泥巴通常多的使人无奈，双脚和身上总会在无意中沾上许多。看着这满眼的绿色，我不禁用手摸了一下山前的小草，好软，比波斯地毯还柔软；我又靠在了这草毯上，好舒服，比天鹅绒床还舒服，清新的草毯让我心情舒畅。继续向上爬，到了山坡，眼前的一幕让我大吃一惊。山坡上全都是花，草毯瞬间变成了花海，我想我要是穿上小礼服，估计就真成童话中的花仙子了。由于时间关系，我不得不离开这个"梦幻之都"，路途中，我们还经过了"动物城""树之王国"，都是一派美丽的景象。

到了喜村，村长胖大婶早已为我们准备了一间小屋。刚进屋，还没来得及参观，胖大婶就为我们递过了两碗山药粥，一个小妹妹给了我们两个大馒头。虽然在城里，这些东西都很普通，但在农村，这些可是好东西！农村人真是善良又朴实。

吃完饭，我在屋后看到一群小鸭在摇摇摆摆地走路，还"唱着"嘎嘎的歌，仿佛在歌颂着农村的自由。我越发觉得它们好可爱，于是追着它们满后院跑。

玩累了，我正坐在草毯上休息，突然听到一阵歌声："啊！美丽乡村，百花之都，动物王国；啊！积善乡村，朴实人民，可爱动物……"我觉得乡村是一个美好的地方。

田园风光

刘照君　指导老师：任义

自从我去乡村住过一段时间后，我就觉得乡村比便利时尚的大城市亲切自然多了。

村庄里，一座座用砖头砌起来的小房子，有的高，有的低，还有的建起了二层小楼。每户人家都有一个宽敞、明亮的院子，相比城市一栋楼住好几百户人家，而且全是封闭的房屋舒服多了！

每户人家都会养一到两条狗，那里的狗有大有小，有胖有瘦。而且狗狗们都不用绳子拴着，不像城市里的狗，死死地被链子拴住，任主人、孩子玩弄。在乡村，狗狗们都自由自在地在房前屋后玩耍，有时碰了庄稼，主人还会说它，严厉的主人有时还会用皮带轻轻地打它。

房子前面是广阔的田野，里面种了黄瓜、西红柿、白菜、土豆、花生……到了白菜丰收的季节，叔叔阿姨们都在田地里捉又肥又绿的大虫子，虫子那胖胖的身躯在叔叔阿姨的手中来回翻滚。没事干的时候，我用小铲子挖了几只蚯蚓，拿去给妈妈看，吓的妈妈失声尖叫。

夜晚，点点繁星呈现在我的眼睛里。明亮的夜空仿佛触手可及，远非灰蒙蒙的城市天空可比。

田园的风景如画，在乡村会让你体会到无限的自然和亲切。

游黄鹤楼

李天晴　指导老师：王馨蕊

这个暑假，妈妈带我去黄鹤楼游玩。

黄鹤楼很高，从底下往上看，黄鹤楼好像穿过了云层。一进大门，啊！真是人山人海，这些人肯定是慕名而来的，我好想跑上去看风景。于是我直奔楼梯，并以最快的速度冲上顶楼。我高兴地向观景台跑去，突然听到身后一个气喘吁吁的声音对我说："天晴，等……等等我……"原来是妈妈，我看她上气不接下气的样子才突然想到我竟一口气爬了这么高！你们知道吗？黄鹤楼虽然只有5层，但它却相当于我们生活的10层楼房那么高呢！接着，我们走上观景台，我看到了美丽的长江大桥，我高兴得一蹦三尺高，长江大桥长达近2000米，要是站在长江大桥的一端看另一端肯定一眼望不到头，可站在黄鹤楼上却能把长江大桥的全貌尽收眼底。长江大桥第一层是过汽车的，中间那层是过火车的，最下面是过船的，这种设计真是别具匠心呀！

我爱黄鹤楼，我爱长江大桥。

美丽的教室

杨舒涵　指导老师：王馨蕊

我们的学校是黄冈艺术实验小学，一听到这名字你就会知道我们的学校一定充满着浓浓的艺术气息，我们的教室也是如此。

走进我们的教室一看，首先映入眼帘的是那一排排整齐如一的课桌椅，像一个个挺拔的士兵。在我们右侧的展示墙上，有同学们书写的生字和五彩缤纷的绘画作品，还有同学们摘抄的好词好句，真像一个美丽的大花园。再看看我们身后的图书角和口风琴，同学们按照颜色把它们分了类，可真像一个个五彩的音符。透过左侧明亮的玻璃，可以看到窗外美丽的风景，就像一幅丰富多彩的画卷。在我们的正前方是黑板。上面书写着一排排整齐、美观的板书，像一个个可爱的小动物。多媒体也是少不了的，它的用处可大了。每天，老师都要用它来讲课、看图片、看视频、查资料……帮助我们更直观地理解所学到的知识。

这就是我们教室，我们在一个美丽、温馨、舒适的环境下学到了很多知识。我爱我们美丽的教室，我爱陪伴我学习的班级体，更爱教育我、培养我的老师。

天鹅太太的花园

曹佳静　指导老师：王馨蕊

以前，在一个美丽的森林里有座漂亮的花园。那里，春天鲜花盛开，夏天绿树成荫，秋天鲜果飘香，冬天白雪一片。花园的主人是天鹅太太，但她却不经常打理花园。

有一天，天鹅诺格与小狐狸茸茸游玩时经过这里，他们被这漂亮的花园迷住了，便一起敲敲大门，并且礼貌地问："天鹅太太，您的花园真美！我们可以进去好好参观一下吗？""当然可以，进来吧！"茸茸和诺格从没见过这么多奇异的植物，高兴得嘴巴都合不拢了。这时，小诺格注意到周围的一些杂草，说："天鹅太太，您这花园美是美，但您不长时间打理，这美景可就不能长存了。"天鹅太太一听，气得把他们俩轰了出去。

几年后的一天，诺格又路过天鹅太太的花园。看见天鹅太太愁眉苦脸的，就问道："您为什么发愁呢？""我的花园……我的花园不像从前那么美了。现在……现在……呜呜……"诺格赶紧安慰天鹅太太："我有办法！"天鹅太太听了半信半疑地点点头。不一会儿，诺格就带着大伙儿拿着铁锹、镰刀、花种一起去帮助天鹅太太清理花园，并且重新播种、浇水……

几天过去了，花园竟然恢复了原来的模样。天鹅太太找到诺格，感激地说："诺格，谢谢你的提醒与帮助，以后我会经常打理我的花园，欢迎你们常来做客！"

张鑫淼，要勇敢哦！

张鑫淼　指导老师：王馨蕊

我是一个活泼可爱的男孩，但是我却非常胆小。我怕黑、怕小老鼠、怕肉乎乎的小毛毛虫，甚至连这个世界上不可能有的鬼都害怕。别人说我是一个胆小鬼。

一天晚上，我和妈妈因为听写的事情赌气，于是，我生气地把听写本一扔，飞奔进了我的小房间。可是一进门，我就后悔了，要知道我是多么的怕黑呀！我战战兢兢地用被子蒙上头，身子缩成一团，想早点睡觉。可是，我的脑子里出现了一个可怕的念头，会不会有鬼？我闭紧眼睛，大气都不敢喘，可是眼前仿佛看见了一个脸色苍白，身穿一袭白裙的长发女子缓缓地向我飘来，吓得我魂飞魄散，立刻一个鲤鱼打挺跳下了床，冲出房间，奔向妈妈的怀抱。最终，在妈妈的安慰下，我恢复了平静。

哎，现在想想都觉得自己可笑，张鑫淼呀张鑫淼，你什么时候能勇敢一点呢？

奶奶 我想对您说

安岩　指导老师：郑玮

奶奶，感谢您多年来对我的养育之恩，但是我想要您改掉经常冤枉我的习惯。

三年级时的一个下午，我把爸爸晚上用来读书的手电筒拿出来看一看，打开照一照，您看见了说这东西伤眼睛，并大声训斥了我一番。但我太好奇了，于是我又拿出来想看一看，但是没打开它。您正好又看见了，于是不管三七二十一又大骂了我一顿。实际上这一次我听了您上次的劝告，根本就没打开爸爸的手电筒，但您这么冤枉我，我又生气又难过，整整哭了一晚上，直到第二天早晨才做作业。

还有一次，我在电脑上做英语作业，您张口就骂我又玩游戏，不好好写作业。当时我心里很难过，又整整哭了一晚上，直到第二天才敢告诉您真相。

您是我的好奶奶，如果您能改掉冤枉我的习惯就能变得更好。

校园的甬路

刘梦涵　指导老师：郑玮

在我们学校里有人爱那充满笑声和汗水的操场；有人喜欢充满知识的教学楼；还有人喜欢庄严的主席台；而我却喜欢宁静美丽的甬路。

春天一到，我漫步在甬路上，甬路旁的杨树散发着春天才有的清香。杨树上掉下来的"毛毛虫"都成了同学们恐吓女生的玩具。春雨过后，闻着泥土散发出的清香，玩着"毛毛虫"，心情真的太舒畅了！

夏天一到，甬路尽头的樱桃开出一朵朵粉嘟嘟的小花，如同婴儿的小嘴唇，真美！还有绿萌萌的杨树叶在风中飞舞着！

秋天一到，樱桃上结了一个个如同红宝石似的小樱桃，有不少同学走到这里都流口水了。杨树的叶子飘落下来，好似在空中飞舞的小精灵。

冬天一到，大树下积着白色的雪，真美！

我爱美丽的校园，更爱校园里的甬路。

捉鸟记

安岩　指导老师：郑玮

这是发生在2016年6月6日的一件事。在这个吉祥的日子里，我们全班同学一起捉住了一只小麻雀。

那天，我们升国旗后回教室。走到走廊尽头的时候，发现窗户旁边有一只小麻雀，大家都挤过去看。那只麻雀好像被我们吓到了，一下子飞进了我们的教室。它在我们的教室里东飞西窜的，这让我们可着了急。有的同学把窗户打开想让它飞出去，有的同学拿着扫帚想把它往门外赶，有的同学急忙去找班主任郑老师。

郑老师可算来了，她想把麻雀往窗外赶，但依然没有成功，只好找四年级（2）班的任老师来帮忙。任老师准备把麻雀拍下来。所有的同学都目不转睛地盯着麻雀，看着任老师是否成功。结果任老师真的成功了。随后郑老师就把麻雀交给了传达室的叔叔阿姨，叔叔阿姨也及时把麻雀放飞了。

那天同学们很开心，这件事对我来说几乎称得上是百年一遇，我能看到真的很幸运。

捉鸟记

刘梦涵　指导老师：郑玮

世界上每天都会发生令人惊奇的事，今天在我们四（4）班也发生了一件。

今天，有一只小麻雀飞进了我们班，同学们都既吃惊又激动。同学们打开了窗户想让它飞出去，可是它在我们的头顶上飞来飞去，丝毫没有要离开的样子。我们发现它飞得有些费劲，猜想它应该是受伤了。过了一会儿，郑老师来了，我们七嘴八舌地告诉郑老师有麻雀飞进来了。郑老师听后，忙找来任老师，让他帮我们捉麻雀。任老师先确定了它的位置，然后开始了抓捕。可是，小麻雀东飞飞西飞飞就是捉不到。突然任老师抓准时机，用扫帚把它轻轻地拍了下来，落到了陈思蕊的桌子上，接着又落到了地上。任老师用手轻轻一扣，小麻雀终于被捉住了。后来，郑老师把小麻雀交给了传达室的师傅们，让师傅们把小麻雀放生了，想到它又能回到大自然，我心里不由得替那只可爱的小麻雀开心。

今天的捉鸟经历给了我一次难忘的体验，真开心！

捉鸟记

王雅庭　指导老师：郑玮

今天早操结束后，同学们陆续回到教室准备开始上第一节课，当大家都坐好，语文老师准备上课时，突然从楼道里一扇没有关好的窗户中飞进来一只麻雀。麻雀在教室里东飞西撞，同学们也都吃惊地站起来，一边看麻雀在教室里飞来飞去，一边不停地喊着："麻雀飞进来了，快捉住它。"这时语文老师对同学们说："大家不要慌，都回到自己的座位上去。"同学们仿佛没有听到老师的话，继续被麻雀吸引着。过了一会儿，麻雀好像飞累了，停在了教室的地上。有一个同学发出"嘘"的声音，教室里顿时安静了下来。语文老师一个健步上前，把麻雀给捉住了。同学们都围上前来观看，只见麻雀瞪着圆圆的小眼睛，气喘吁吁地望着大家，好像有点害怕似的。

语文老师马上把这只麻雀送到传达室，保安叔叔说："我一会儿就把它放了，因为它也是一条生命啊！"

今天的捉鸟经历真令我难忘，同时我也通过亲身经历体会到要珍惜生命，爱护小动物！

捉鸟记

张子豪　　指导老师：郑玮

在6月6日这个吉利的日子里，一只小麻雀误打误撞飞进了我们班里。

我们刚升完国旗回到教室里，就突然发现了一只麻雀在水房，我们所有人刚进班，那只麻雀就冲向我们班里。我们十分吃惊，麻雀在教室里乱飞，它停在了投影仪上，我们想尽一切办法想把它轰出窗外，可是它怎么也不下来，好像要在投影仪上搭窝似的。郑老师来了也拿它没办法，只好叫来四（2）班高大的任老师。任老师先确定了麻雀的位置，然后拿起扫把一下子把麻雀轰了下来。任老师怕伤到小麻雀，一直不敢抓它，就又轻轻地拿起扫把拍了一下小麻雀，小麻雀失去了平衡，撞在了同学的身上，接着又掉到了地上。这时任老师快速地将麻雀捉起，让郑老师放到了袋子里，最后郑老师把麻雀交给传达室的师傅帮忙放生了。

今天捉鸟的经历真令我难忘，我真开心。

捉鸟记

朱梓萌　指导老师：郑玮

世界上有许多意想不到的事情，而小麻雀飞进教室就是一件意想不到的事。

在6月6日，班里有一件非常有趣的事发生了。在这个好日子的早晨，刚升完旗回到教室，发现门口有一只小麻雀在一蹦一跳。突然，它飞了起来，竟然误打误撞地飞进了我们班。大家齐刷刷地把目光转向教室里。小麻雀一会儿落在后面的小柜子上，一会儿落在窗台上，一会落在前面的白板上……小麻雀一会儿起飞、降落，一会儿又蹦蹦跳跳，一会儿又来个突然加速……它飞到同学们的头顶上。有的同学害怕极了，不过好奇心最终还是战胜了恐惧，还注视着小麻雀；有的同学胆子很大，即使小麻雀飞到头顶上也不害怕。这时想不到的事情发生了，小麻雀拉了一泡鸟屎在同学的桌子上。同学们都过去看小麻雀的"杰作"。这时，老师拿着扫帚想把小麻雀赶出去，怎么赶也没有成功，最后老师才敏捷地一跃，用扫帚把小麻雀拍了下来，接着快速地用手捧起麻雀，把它放在一个塑料袋里，交给了传达室的叔叔阿姨们。他们又让小麻雀回到大自然中了……

今天捉鸟的经历真令我难忘，我很开心！

寄给远方小朋友的信

李宇　指导老师：吴茜

亲爱的远方小朋友：

你好！

朋友，之所以这么称呼你，是因为我想要和你成为朋友。

我叫李宇，在黄胄艺术实验小学上学，希望以后有机会你可以来我们学校参观。我出身于一个普通的家庭，我的妈妈在机场工作，爸爸是一名电工。他们都非常乐于助人，经常帮助我家的邻居霍爷爷。对了，我爸爸做的菜很美味，如果你有机会来北京，欢迎你来到我家品尝饭菜。

我不知道你住在哪里，也不知道你家的生活质量怎么样，但是，我还是希望你回信，让我们成为朋友。

我有一个想法，就是开展一个"手拉手"的活动。开展这个活动，就是为了让我们和远方的小朋友成为朋友。如果可以的话，我可以将我们这边的名胜古迹画下来给你寄过去，你也把你那里的名胜古迹画下来寄给我吧！

我也想去你们那儿，这样我们就可以一起玩耍了。我们可以一起推铁环、跳绳、跑步……

祝你身体健康，学习天天向上。

李宇

2016年3月4日

写给合肥南门小学同学的信

林子欣　指导老师：吴茜

亲爱的严景：

你好！

三年未见，转眼我们都已五年级了。时间从来不等人，一眨眼，仿佛又回到了那个燥热的夏天。你认识的那个小女孩，在三年中蜕变了、成长了。我还记得学校的第三层楼梯左转的第二间教室——那是我们充满欢笑的"家"。那里有我、有你们，有我们可亲可爱的老师们。那里的事和那里的人，我至今还记得清清楚楚。我想问你们班里有没有新转来的同学？现在可以在操场的攀岩壁上玩了吗？这几年的圣诞节你们有没有像二年级时那样地表演节目了？学校后院的花开得好不好？我想问的很多，可是，此时却无法一一写下来。小严景，我想，这几年，你一定成长为大姑娘了，不再是曾经的小妹妹了。是啊！我也长大了，我们分别了三年，也成长了三年。我在北京有了新的学校，有了新的同学和老师，但你们永远是我成长中最坚强的翅膀。我在这里绝不会停下前进的脚步，因为我知道，我曾经拥有一个美好的"小世界"。我现在一切安好，勿念。

祝你

学业有成

林子欣

2016年3月31日

童年回忆录

王雨菲　指导老师：吴茜

我们都是伴着哭声呱呱坠地的，也是伴着"五彩的童年"长大的。

每个人的童年都应该是快乐的，是伴随着欢快的笑声成长的。我的童年是幸福的，有爱我的爸爸和妈妈；我的童年是先苦后甜的，就像爬山一样……

我五六岁时，爸爸和妈妈带我去爬盘山，我可高兴了。刚上山时，我一蹦一跳地向前走，一会儿去摘朵随风舞动的花，一会儿去追只翩翩起舞的蝶。"省点力气，这山高着呢！"妈妈担心地说，"我们可不抱你哦！"虽然这么说，但我一点也没听进去。没到半山腰，我就爬不动了，一下子坐到大石头上，大喊："走不动了！"爸爸说："你看，咱们再爬会，太阳落山了，我们就到了。"我虽然百般不愿意，但一想在这儿坐着也不是办法，就追上了他们……太阳落山之前，我们终于到了山顶，我顿时发现了这世界上"最美"的地方。

红彤彤的太阳散发着落山前的余光，放眼看去，一座座连绵起伏的山金闪闪的，美极了！那一刻我听到了自己的心在呐喊："滴水能把石穿透，万事功到自然成。"我终于做到了！

童年发生的这件事虽小，但始终令我难忘！

一回忆，就感动

韩朝晖　指导老师：吴茜

回忆小的时候，总能想起一些鸡毛蒜皮的小事，时而发笑，时而感动。可是有一件事却深深地烙在我的心底……

那是我五岁还在上幼儿园的时候。那天天色暗黄，老师们都走了，我和几个同学们在做值日。我们这儿擦擦，那儿摆摆，一转眼六点多了。"轰隆！""糟糕，要下雨了，咱们收拾收拾赶紧走吧！"我的同桌班长小卓说。他瞅着几个同学还在打闹，便着急道："大家快点收拾，别闹了，再不走就……"她的话还没说完就被雨声打断了。下雨了！整组同学就我和小卓没带伞，眼瞅着别的同学一个个背上书包，撑开伞很潇洒地走了，我急得像热锅上的蚂蚁："班长，怎么办啊！"小卓也很急，忽然灵光一闪，从储物箱中翻出一大张塑料纸，招呼我过来遮在头上："嘿！这不就OK了吗？"我俩下了楼梯，啊！要闯关了，小卓喊："一，二，三，跑！"于是，我和小卓如离弦之箭一样往家跑。"呼哧，呼哧，呼哧！"渐渐地我们体力不支速度慢了下来，就聊起天来："知道吗？有一次我用绳子把……啊嚏！""咦？小卓你怎么了？感冒了？"我下意识地摸了摸小卓的胳膊，不摸不知道，一摸吓一跳！她左侧的胳膊湿透了，冰凉冰凉的。塑料纸一大半在我这儿把我遮得严严实实的，而她却……"你怎么可以这样？"我的眼泪在眼睛里打转，"怎么可以牺牲自己的身体！"我的眼泪涌了出来。"没事儿，没事儿，不要紧的，不冷！前面就是你家了，快走吧！"我怀着复杂的心情赶忙跟着她往家跑，我比她跑得还快，因为我要快一步到家给她拿衣服和雨伞；可是就在刚到楼道的一刹那，她却转身就跑了，怎么喊都不回头，我的泪又淌了下来。

第二天小卓没来上学，因为她发烧了，我擦了擦眼泪认真的做起了笔记，两份笔记！

往事，真是一回忆就感动！

寄给远方小朋友的一封信

苏亚楠　指导老师：吴茜

亲爱的远方小朋友：

你好！

我是北京市朝阳区黄胄艺术实验小学五年级（1）班的学生，我叫苏亚楠。我在班里担任中队长，平常喜欢画画、读书，我的家乡在山东。不管怎样，让我们手拉手，在我们之间架起一座友谊之桥吧！

我打算以写信的方式与你联系，并且可以为你们寄去很多书籍、文具等。我们还可以为你们捐款，这样你们就可以每天开开心心地去上学啦！同时还能学到许许多多的知识，可以开阔视野。

我最希望你们到我的家乡来参观。在山东可以吃上美味可口的水果，还有一些当地特产。在你们品尝完特产之后，还可以去爬泰山。到那时候，我一定给你们当好小导游。山东永远欢迎你们！

今天就先说到这，我真的很想与你们做好朋友，希望可以收到你们的回信，好期待呀！

祝你们

好好学习，天天向上！

苏亚楠

2016年3月5日

冤家路窄新编

王雨婷　指导老师：祁少蒙

胖阿猫和小瘦鼠是动物学校里远近闻名的一对冤家。他们俩的恩怨久远到连他们自己都记不清了，到底是哪年哪月胖阿猫踩了小瘦鼠一脚，却忘了道歉；还是小瘦鼠碰掉了胖阿猫的书本，却没有捡起来。总之，他俩的恩怨是一报还一报，没个尽头。

但是偏偏冤家路窄。这不，一开学，新来的羊老师就把他俩调到了一起做同桌。这下可不妙了，每天胖阿猫和小瘦鼠的课桌附近都弥漫着一股看不见的"硝烟"。

胖阿猫是动物学校五年级名列前茅的好学生。每次一发考试成绩的卷子，胖阿猫就会得意扬扬地看着愁眉苦脸的小瘦鼠抱着成绩不理想的卷子，不时还嘲笑几句。小瘦鼠抱着不能被自己的死敌比下去的坚定信念，幡然醒悟，改过自新。每天认真完成每门功课，坚持做预习和复习，学习成绩从此直线上升，一次考试竟与胖阿猫打了个平手。小瘦鼠成绩的提升赢得了羊老师的肯定，却把胖阿猫气得火冒三丈。

又是一节体育课，身为体育健儿的瘦小鼠在运动场上尽情展示自己的风采。可是身为"体育困难户"的胖阿猫可真是犯了愁，却又不想被死对头看不起。一节狼狈的体育课结束后，胖阿猫发自内心地想要改变自己，从此勤加锻炼，变成了瘦瘦的"胖"阿猫。在体育课上总能"挥洒汗水"，而且在体育比赛中还获得了一等奖呢！

其实，胖阿猫和瘦小鼠都知道，有这样能让自己"奋进"的死对头，又何尝不是一生的幸事呢？

骑车记

简文浩　指导老师：祁少蒙

小时候，我看着别人骑自行车的样子是那么享受、那么愉快，也情不自禁地想骑自行车。那时我三年级，硬是逼着爸爸给我买了一辆自行车，叫上会骑自行车的两位好朋友，他们便当起了我的"小老师"。

我的两位小老师可是骑自行车的能手。一位小老师告诉我："刚开始不会骑自行车就是因为不会控制平衡，所以速度快就能平衡。"说完，他把我带到一个小坡上；又说："从上面滑下去试试。"于是，我紧握把手，脚踩踏板往下冲。刚开始我很平稳，也很享受，心里暗自高兴这么快就学会骑自行车了。但是到达平缓的道路时，我的速度就慢了，于是变得手忙脚乱起来，"啪嗒"一声，我摔了一个"狗啃泥"。这时另一位小老师过来了，语重心长的教导我："要想骑好自行车，首先要心平气和，不能因为一次失败而放弃，继续加油！"我也想到一句话：失败是成功之母。然后，我把车扶到小坡上，一鼓作气，往下冲，又到了平缓的路段。这次我掌握好平衡，用力踩着踏板，精神高度集中，没想到这次真的没有摔倒。我大喊着："我成功了！"果然，有努力就有成功，以后，我就可以和小伙伴们一起骑车出去玩了。

那天，我的衣服摔得很脏，但能够学会骑自行车，并能够和别人一起享受骑车的乐趣，我很高兴。同时我也知道了努力就一定会成功；也把这句话送给每一位同学，希望这句话可以鞭策我们一起进步。

面对抉择

边程　指导教师：边亚梅

我是一名五年级的小学生，在长达12年的生活中，总会遇到一些或大或小的抉择。但是最让我记忆深刻的还是那次……

记得还是二年级时，有一次我放学回家，在路上走着，心里还在为那天的好成绩而高兴。忽然看到走在前面的隔壁班的一位同学掉了一张10元的纸币，等我正在想提醒他时，他却跑远了。我紧跟几步喊道："同学！你掉了10元钱！喂！同学！"可是那个同学却没有听到我喊话的声音。我看也追不上了，就捡起了那10元钱，心想：那个同学怎么跑得那么快？我看着那10元钱，心里突然冒出来一个念头：10元钱能买两包零食啊！平时爸妈也不给我吃零食，可是有些同学每天放学后都能买零食吃。看着他们吃，自己也很想吃啊，再说了，那个同学就算发现没了10元钱，也不会知道是我拿走了。主意一定，我立刻就跑去了超市拿了两包零食，然后就排队结账。终于排到我了，我把两包零食交给收银员。"小朋友，一共9元。"我拿出那10元钱看着它，突然想起了妈妈对我说的话："儿子，一个人最重要的是信用，如果你不守信、不诚实，那你以后是不会有朋友的。"想到这儿，我不由得面红耳赤，抓着那10元钱就跑了。第二天，我找到了那位同学并把钱还给了他。

这次抉择对我的影响很大，让我成为在生活中为人处世都是以一个"信"字当先的人。

面对挫折

彭芮　指导教师：边亚梅

生活中我们会面对很多情况，困难、挑战、成功、失败……在我的记忆长河中，最令我记忆犹新的是上二年级时的一件事。

还记得那天阳光明媚，全校学生都下楼在操场上兴高采烈地跑步。跑了一圈又一圈，大家都有些累了，步子也一会儿大，一会儿小。正当这时，我后面的同学可能绊了一下，一个踉跄撞上了我。紧接着，我也摔倒了，下巴和嘴被凹凸不平的跑道蹭破了。见此情形，我后面的那位同学连忙双手撑着地站了起来，想把我扶起来。"没事儿，没事儿，我能站起来。"说着我也缓缓地站起来。"对不起，刚才撞到你了，你没事吧？"她关切地问道。"没关系，没关系。"我准备再跟上大家的队伍，继续跑步。"等一下！"她叫住了我，"你嘴上流血了，先别去跑步了。""嗯，谢谢！"我连忙去找班主任宋老师。老师对我说："先带你去洗手间擦擦吧！"老师用手纸给我做了简单的处理。"老师，我没事了，可以去和大家一起跑步了吧？""你行吗？小心一点。"我本想和大家继续跑步，可惜已经下早操了。于是，我就同学们一起回班上课去了。

在人生中一定会遇到许多挫折，但我们不能害怕，更不能后退，应该迎难而上。我今后要继续努力做一个坚强的女孩子。

春天的公园

张乔雅

春姑娘打开春天的大门，悄悄地来到了人间。在我家旁边的公园里，充满了生机。

你瞧，公园里的花都开了，争奇斗艳，五彩缤纷。桃树绽开了粉红色的笑脸；迎春花吹起了金黄色的小喇叭，好像在说："春天来了！春天来了！"玉兰花像一个个亭亭玉立的少女，小草也从地下探出了头，柳树也抽出了翠绿色的枝芽。有很多蝴蝶停在花朵上，好像在和它们比美呢！

叮咚、叮咚，小河里的水也解冻了，有许多小鱼在里面欢快地游来游去；树上的小鸟叽叽喳喳地叫着，好像在说："春天真美呀！春天真美呀！"

看那边，有的小朋友在玩游戏；有的人随着优美的音乐翩翩起舞；有的老人在慢慢地打着太极拳……

我走在公园的小路上，被这美丽的景色迷住了。

桌子和椅子的争吵

张乔雅

在一个晚上，从教室里传来一阵阵的争吵声。原来是桌子和椅子在争吵。

桌子神气地说："我的功劳最大，要是没有我，小主人在哪儿写字？"椅子不服气了，说："不对！不对！我的功劳最大，要是没有我，小主人写字坐什么？没有我肯定写不好字，所以我的功劳最大！"

它们越吵越凶，吵醒了睡熟中的黑板爷爷。黑板爷爷语重心长地说："孩子们，你们都重要，一个都不能少，你们要团结起来，才能发挥得更好。"桌子和椅子不听，椅子说："我走了，看你桌子怎么办！"说完，椅子就走了。

第二天，小主人来了，他没有椅子坐，只能站着趴在桌子上写字。这时，小主人说："椅子可真重要。"桌子听了很生气，也走了。它找到了椅子，对椅子说："小主人说你很重要，你回去吧！"椅子回去了，可是小主人没地方写字了，说："唉，我没地方写字了，桌子也是很重要的啊！"这天晚上，椅子找到桌子，说："咱们俩和好吧，小主人没有谁都不行，咱们回去吧！"桌子听了，对椅子说："对不起，我当初不应该跟你吵架，请你原谅我。"椅子点了点头，也承认了自己的错误。

从此以后，桌子和椅子团结在一起，共同帮助小主人学习。它们再也没有吵架，再也没有出走。

成长的滋味

王敬玲　指导教师：董佳

每个人在成长中，都充满酸、甜、苦、辣，正是这些滋味，让我们在成长的道路上不怕任何困难。

一次，爸爸教我骑自行车，我很高兴。我原本以为会很容易，所以直接坐到了车座上，脚使劲一踩，没想到，我从车上摔了下来，和大地来了个"亲密接触"。我没有放弃，又骑上去了，结果还是摔了下来。我心想："唉！看来骑自行车没有我想象的这么容易。这就是苦啊！"

我准备放弃了，爸爸告诉我："做事不能轻易放弃，加油！我相信你的。"听了爸爸的话，我又试了一次。唉！还是摔了下来。这就是辣啊！

为了能学会骑自行车，我收集了一些关于骑自行车的经验，经过反复练习，我终于有了一些进展，不过身上都是伤。终于，我学会了骑自行车，而且骑得越来越好了。这就是甜啊！

回到家中，我看到了爸爸为我准备的摔伤药，我的眼睛湿润了，心里酸酸的。

成长的滋味是苦的、是辣的、是甜的、是酸的，是多种多样的。只有经历了这酸甜苦辣，我们才会成长起来。

泼水节

童欣　指导教师：董佳

傣族人民的泼水节，按照傣历大约是在农历清明节后的第七天。节日期间，傣族同胞们举行的活动好不热闹。

傣族泼水节分为三天。

第一天为"麦日"，人们要收拾房屋，打扫卫生。

第二天为"恼日"，这一天通常要举行泼水活动，纪念为民除害的天女。以圣洁之水消灾免难，互祝平安幸福。

第三天叫"麦帕雅晚玛"，是傣历的元旦。人们穿上节日盛装，姑娘和小伙们玩丢糠包，接到糠包的人被喻为在新的一年中吉祥如意的人。大家还赛龙舟，在瑞丽江畔，观看龙舟竞渡。号令一响，龙舟便像箭一般地往前冲，江上呼声、鼓声响成一片。入夜，人们在广场空地将孔明灯点燃，孔明灯借助空气的浮力越飞越高。放完灯后，人们便开始放高升。高升是傣族人民自制的烟火，人们将高升点燃，会把竹子如火箭般地推入高空，高升放得高者会受到人们的赞赏并获得奖励。虽然在恼日已经泼过水了，但人们还是会在这天继续泼水嬉戏。

泼水节是傣族传统的节日，也是意义最大的节日，傣族人民泼水节欢乐的气氛好不热闹！

独自在家

王甫东　指导教师：董佳

人在生活中会遇到一些危险，这时，我们要学会自我保护。回忆起小时候那一次独自在家的经历让我心有余悸。

那年寒假我七岁，外面下起了雪。小树戴起了白帽子，大地披上了银装，太阳把万丈光芒洒向大地，美极了！

我正想出去玩，可是妈妈说："儿子，爸爸妈妈今天要去外面办事情，很晚才能回来，你一个人在家害怕吗？""不怕！我都这么大了！"我斩钉截铁地回答。"坏人脸上可不会写着坏人两个字，"爸爸也提醒我。"那我把门反锁上。"听到这话，爸爸妈妈才稍稍放心了些，然后离开了家。

临近傍晚时，我听见屋外有人敲门，以为爸爸妈妈回来了，想也没想就去开门。可是我透过猫眼看见门外站着个陌生人，三十来岁，穿着一身西服，看着挺正式的。

"你找谁啊？"我好奇地问。那人笑眯眯地说："我是你爸爸的同事。""可我从来没见过你，"我说。"一回生二回熟嘛！"那人边说边扬了扬手中的一袋水果，"你先让我进去，在里面等你爸爸好吗？"我灵机一动说："爸爸，有人找你！"只见那人转身就跑了。

爸爸妈妈一回家，我就把事情的经过告诉了他们。爸爸妈妈夸我机智勇敢。我心里像吃了蜜一样甜。

这就是我保护自己的经历。在今后的成长中，一定还会有很多磨难和危险，我们应该提高自我保护意识，将勇气和智慧融为一身，成为一个强者。

难忘的第一次

汪若静　指导教师：张宏梅

最令我难忘的是我第一次骑车。

去年夏天，我突然很想学骑车。一个烈日炎炎的上午我就在公园里骑了起来。我上来就骑，结果车把摇得厉害。"咣"的一下子就结结实实摔了一跤。我疼得龇牙咧嘴，直想掉眼泪。我强忍着站起来，坐上车，用一脚踏脚蹬子，另一只脚在地上撑着慢慢往前走。可这样练了半天，豆大的汗珠挂在脸上，也没什么作用。我急得直跺脚，暴躁地骑上车，硬要往前骑，险些又摔倒了。我心里又急又气：为什么其他人都一下子学会了，我却不行？太不公平了！我火冒三丈，正要回家，突然转念一想：难道世界上真的有天才吗？他们在背后不知付出了多少啊！

我马上平静下来，又一次坐上车，心平气和地去练习，一次又一次的摔倒，也不知掉了多少眼泪，我终于有进步了！过了几天，我在练习转弯时又猛摔了一跤，连车带人飞出去好远，裤子都蹭破了一个大洞，膝盖一阵阵剧痛，车把撞在胸口，紫了一大块。我疼的躺了半天都起不来。最后，我慢慢一瘸一拐地回了家，但我没有再急躁，仍然很高兴；因为那天我虽然摔了一大跤，但又有了进步，收获了很多。

现在我已经可以自如地骑自行车行驶了。那难忘的第一次我会永远记住；因为我不光学会了骑车，还学会了忍耐，并且接受了自己的失败，懂得了失败是成功之母的道理。

我的理想

夏惠风　指导教师：张宏梅

人无志不立。一个人若没有远大的理想，是不可能有所作为的。我的理想就是当一名宇航员。

飞离地球，遨游太空是中华民族很久以来的梦想。大概7岁时，爸爸送了我第一本天文书。书中有趣的图片和知识将我一下子吸引住了。从此我爱上了天文学，并立志成为一名宇航员。

想要成为宇航员，就要面对许多挑战。首先，需要有较高的文化程度和很强的工作能力，要有稳定的情绪和精神状态；其次，要有良好的体质和体能，以及视觉和心脑血管系统；最后，为了成为宇航员，我每周都要练习登山和长跑，以及羽毛球等运动来提高身体素质，同时也努力学习知识，丰富自己，有时还和同学们一起去滑雪呢！作为一名宇航员，最重要的当然是专业知识。在课余时间，我积极阅读航天书籍，参观相关博物馆来获取资讯，从未停止过追梦的步伐。

在实现自己理想的道路上会有许多困难和关卡，但我会一如既往地走下去，只有这样，才会离我的理想更近一步。

难忘的第一次

王维胜　指导教师：张宏梅

我从小到大，有很多个第一次，而这一次却令我难忘，这就是——玩滑板。

有一次，我从家中找出一个滑板，想自己学。起初，我认为滑板是两头用的，于是我扶着墙滑，从左往右滑还好；但反着滑时，我脚一歪，差点没从滑板上栽下去。我就扔下它干别的去了。

过了大约半个月的时间，我又看到了滑板。我正要去玩，却偶然发现它的两头一头宽一头窄，像是个梭子。原来他是一头用的！我扶好墙，从右往左滑，顺利！我用手扶着一扇门，一推，滑出去了。我又发现了如何转向、掉头。这样，我又练习了一个多月。

渐渐地，我不能满足于家中这点地方。一天，我发现西坝河上有一条平坦的柏油路。于是，我拿起滑板，跑向那条路。我看了一下周围没有行人和车辆，跃上滑板，顿时，眼前的景物移动起来了。我加速，更快了，十分平稳，比坐火车还舒服！我滑过这条约200米的道路，看见一家水果店，就买了点水果往回滑。虽然拎着东西，却比坐着还轻松。

这就是我难忘的第一次。那天到家后，我十分自豪。我发现，只要多练习就会学会滑滑板，真是"功夫不负有心人"啊！

姚记炒肝

孙博文　指导教师：张宏梅

要说起北京的炒肝，就属"北京姚记"和"南天兴"这两家有名。

今天我来给大家介绍一下我最爱吃的姚记炒肝！

有一句老话叫"想要吃炒肝，鼓楼一拐弯。"说的就是这鼓楼脚下的姚记炒肝。说起姚记炒肝的历史，其实也没有那么长。20世纪90年代，姚记炒肝店也只是一个早点铺。随着什刹海旅游业的日益发展，也因其味道独特，名声就大了起来。姚记炒肝汤汁油亮酱红，肝香肠肥，稀而不懈。它的主料是以猪肝、猪肠为主，蒜泥为辅。但可能有些吃过的同学会问为什么有蒜味儿却没有蒜呢？因为蒜是在制作过程中用捣蒜盅捣好后把蒜汁滤出调制，所以蒜味全进去了，吃的人们满口溢香。吃炒肝不像吃别的东西一样用勺子吃，而是沿着碗沿，转着碗一口一口地汲溜，据说这么吃更有味道。

说起我第一次在姚记吃炒肝，还是七八岁时，那时我只吃了半碗就被那种又香又滑的味道吸引住了。在以后的日子里，只要一去鼓楼就一定要来上一碗炒肝。这就是老北京最好的炒肝——姚记炒肝，你也去鼓楼尝一尝吧！

再见，儿童节

汪若静　指导教师：张宏梅

"六一"马上就要到了，这也是作为六年级毕业生的我在母校过的最后一个儿童节了。5月24日，在学校开展的"红领巾相约中国梦·七彩光辉映文化情"——多彩童年·梦想起航　朝阳区少工委庆"六一"活动季暨黄胄艺术实验小学第七届艺术节的活动中，我有幸和武术队的队员们一起表演了我学习多年的武术——双刀，这让我小学最后一次的儿童节，变得充实、难忘而有意义。

我从小热爱武术，一直想在六年级毕业之际给队员们展示一个不一样的我，这次听到学校老师让我登台表演时，我兴奋不已。所以，每天放学完成作业后，我都更加努力地去练习。时间在一天天过去，每过去一天我的心里就更激动一分。

　　终于到了彩排的那一天，我要给大家表演的是双刀。我一大早就起了床，又在心里过了一遍练习双刀的动作，就急忙去了学校。在开始彩排的时候，后上场的队员全部都在幕后等着上场。在我等待前面的队员表演时，我仔细观察别的队员，表演都十分精彩。我本来还比较平静的心突然一下子紧张起来，担心自己表演不好。到我了！我努力平息住紧张的心情，闭上眼深吸了一口气就大步走上了舞台。我向台下的老师和队员们看去，看到一双双鼓励的眼神，还有热烈的掌声，我的心情忽然就放松了下来，全身心沉浸在武术双刀的表演中，尽我最大的努力表演了一遍双刀。表演完毕，行完抱拳礼，台下响起一片热烈的掌声，我非常高兴地走下舞台。

　　那天彩排后的下周二，也就是5月24日，就是正式演出啦！这次，所有的队员都会看到我表演的武术啦！怀着这样自豪的心情，我又一次来到了朝阳剧场。那天我早早就赶到了朝阳剧场，当队员们看到我时，我已经换好表演服装，队员们摸着我的表演服装夸赞着，还有的队员说："哇，你真酷呀！"。因为已经彩排过一次，以前也参加过一些别的武术比赛，所以这次上场时我没有感到紧张和害怕。虽然那些闪烁的灯光非常耀眼，让人有点头晕目眩，但是我还是很好地完成了表演，台下响起了热烈的掌声。我心里充满了骄傲和兴奋，美滋滋地走下了舞台。到了后台，我又急急忙忙地换上合唱的演出服，因为一会儿我还要和合唱团一起唱歌呢！表演结束后，大家都夸我表演的真好看，我开心极了！

　　这次演出是我最后一次在母校参加的大型活动了。毕业考完试，我就会离开这里，离开和我一起生活了6年的老师和队员，我既兴奋又恋恋不舍。感谢学校给我提供这样华丽的舞台；感谢学校给我一个展示自我的机会；感谢学校和老师对我的教育与培养，让我不仅成为一名合格的毕业生，同时还学会了一个特长，给我今后的成长奠定了扎实的基础。这次登台演出让我非常难忘，也是我收到最好的"六一"礼物！

第四章

丰富多彩的社会实践活动

/一/山东美术写生实践活动

吴琦瑞

　　昨天一大早我们早早起了床满心欢喜地向学校赶去，这是为什么呢？那是因为我们要坐火车去写生。到了学校我们交了学生卡和户口本就去了火车站。到达火车站，阿姨给我们验票我都觉得阿姨速度太慢了。当我坐在火车上，我的人虽然坐在火车上，但我的心早就飞到济南去了。

　　到了济南，我们吃完饭后就去参观了天下第一泉——趵突泉。泉水一年四季恒定在18℃左右，水面上水气袅袅，像一层薄薄的烟雾。一边是泉池幽深、波光粼粼；一边是楼阁彩绘，雕梁画栋，构成了一幅奇妙的人间仙境。呀！差点忘了我是来写生的，而不是来看风景的。我支好椅子选好地点便开始画画，当我坐在椅子上，左手扶着速

写生指导

写本，右拿着画笔的那一刹那，仿佛我是一个画家在画趵突泉的风景似的。在我画画的过程中，我没有把地砖画出近大远小的透视现象，最后还是老师帮我修改的。老师说画面中要体现出近景、中景、远景。我们写生完老师还对我们的画进行了评价，评价之后我们便去了宾馆。

今天我们上午参观了孔庙，下午参观了孔府。在孔府中我们用刮画画了大成殿的侧殿，在孔府后花园我用刮画又画了一幅画，这次我没让老师帮我修改，老师还夸我想象力好呢！

在这次活动中不仅我画画的能力有了一定的提升，而且还学会了谦让。我感谢学校给我这次去山东写生的机会。

/二/山西美术写生实践活动

周伊浓

我参加学校组织的采风活动，来到了人间仙境——绵山。

我们坐着车，浩浩荡荡地来到了绵山。一进山，就让我吓了一跳：几十丈高的悬崖断壁拔地而起，半边悬空的巨石似乎在山风中摇摇晃晃，令人望而生畏。但走进绵山，却是另一番景象，到处是绿树红花，到处是云雾缭绕……而最令人难忘的，就算是水涛沟了。

一座座桥、一座座山、一条条瀑布、一棵棵树、一片片落叶……什么都是那样的美丽、完美：小溪静静地唱着歌，顽皮的树叶娃娃们迷醉了，躺在树上悄悄地在听。一直听到黄了、红了……飘啊飘，飘到了地上的树叶们在一起，一起享受着"天伦之乐"。瀑布中的"狮子""老虎""鳄鱼""牛"……一个个被雕刻得惟妙惟肖。

我选好了一个极其美丽的景色，便画了起来。起初我画了一棵大树

作为画面的主体，接着我又画了一座独具特色的小桥横跨在小溪上；远处，一条瀑布倾泻下来，使人心情舒畅，接着我又画了一些奇山异石，让人更加深刻地体会到了水涛仙谷的特点。在这次写生中，我不光学会了几种画画的技巧，还学会了构图要大气，为整体着想，不能只顾局部。从中我还知道了人要为今后的前途着想，不能只顾眼前。

这次写生之旅，不仅让我欣赏了山西风光，提高了画技，而且我还知道了一个深刻的哲理——要顾全大局。

/三/杭州、周庄写生之旅

周伊浓

4月27日，我有幸代表学校到杭州、苏州、上海写生。早就听说"上有天堂，下有苏杭"，这回我可要大饱眼福了。

上午参观结束西溪湿地后，我们就来到了盼望已久的西湖。"欲把西湖比西子，淡妆浓抹总相宜。"西湖的美真是名不虚传。波光粼粼的湖面上，三个地标坐落之上，上写着"三潭印月"。听说，三个坐标是最原生态的警示牌，是用来警示人们和船只注意安全的。阳光照在湖面上、树枝上、亭子上，一切都显得生机勃勃。

我取好景，准备画湖中心的小亭子和几棵婀娜多姿的古树。我一笔一画认真地画起来，却怎么也画不好。经过冯老师的指导，我知道了需要用透视的方法，也就是近大远小和前后的遮挡关系。掌握了这些方法，我先画上大轮廓，再一步步细画。别说，西湖的别样美景真收入了我的画中。时间一分一秒地过去了，转眼间，夕阳西下，我们满载而归。

经过一夜甜美的梦，我们又来到了世界十大古镇之一的乌镇。

小桥、流水、人家，没有比这三个词形容乌镇更贴切的了。我坐在石阶上，面对清澈见底的小溪、窄窄的木桥和炊烟袅袅的人家，一时间忘记了自己身在何处，感觉自己已经和这古老的小镇融为了一体，仿佛我就是这里的一棵树、一条鱼、一缕炊烟、一层石阶……

"收拾东西了！该走了！"一声叫喊打断了我的思绪，我依依不舍地站起身，离开了小桥、离开了流水、离开了一个个淳朴的江南人家。

时光飞逝，苏杭之旅即将结束，但江南美景的诗情画意，令我流连忘返。美啊！杭州西湖！美啊！乌镇水乡！

/四/ 云台山写生之旅

李文涵

4月18日对我来说是个特殊的日子，因为在这天我将随着同学和老师一起去河南写生。坐了两个多小时的火车后，我们终于到了河南。我的心情非常激动。导游阿姨给我们介绍了一些关于云台山的资料。云台山位于河南省，距离省会郑州西北70多千米的焦作市修武县境内，总面积约240平方千米，是河南省唯一一家集全球首批世界地质公园和国家级风景名胜区、全国文明风景旅游区、国家首批5A级旅游景区等称号于一身的风景名胜区，含红石峡、潭瀑峡、泉瀑峡、茱萸峰、叠彩洞、子房湖等十一个景点，是一处以太行山系丰富的水景为特色，集科学价值和美学价值于一身的科普生态旅游精品景区。

在云台山，我们参观了一些著名景点，其中，我最喜欢的就是红石峡，因为它是"华夏第一奇峡"。景区集秀、幽、雄、险于一身，泉、瀑、溪、潭于一谷，素来享有"盆景峡谷"的美誉。这里外旷内幽、奇景深藏，两岸峭壁山石秀丽，仿佛鬼斧神工雕成的一个巨大盆景，被园林专家称之为"自然山水精品廊"。

参观完后，我们准备上山。在途中，我发现这里每隔5到10米就有一个垃圾桶，可见这里的环境保护意识多么强啊！在道路的两旁生长有几百年的参天大树，看完这些后，我们都啧啧称奇。

不知不觉我们登上了山，精心挑选了一个景点后，就开始画了。画着画着，我发现这里的石头都是红色的，我恍然大悟，原来这就是之所以叫红石峡的原因呀！于是，我更加认真地画了起来，一会儿工笔细描，一会儿挥笔速写，不一会儿就画完了。

晚上，冯老师对我说："李文涵，你的画画得不错呀！有桥、有山、也有水。"我听了心里美滋滋的。评完画后，老师还给我们讲了一些绘画技巧：近处的，看得清楚的东西要仔细地画；远处的东西就要轻轻地画，有种若隐若现的感觉。还有用水彩时，要先画淡一些，再画细节。我听了，若有所思地点了点头。

第二天，虽然下着小雨，但是我们还是非常开心，整个上午我们都在潭瀑峡写生，那里的风景非常美丽，所以我画得也非常好。

时间在不知不觉中过去了，我们这次短暂的河南云台山之行也就要结束了。如果有时间，我还会再来欣赏这美丽的风景。再见了，河南！再见了，云台山！！

/五/安徽写生游记

张桂境

11月8日我们坐火车去安徽写生，9日上午7时到了黄山，通过黄山到了黟县西递。

走近西递，看到高大的刑藩首相石牌坊。

这座高达12米多的三门五楼结构石坊，通体用徽州特有的青磨石构筑，三重飞檐，宏伟壮观。坊上栩栩如生的雕刻，体现了徽州雕刻艺术的精湛，作为西递的象征，石坊历经多年的风雨，仍在向世人昭示着它存在的意义。最让我惊叹的不但有百年的石坊，还有那与众不同的民居。

他们住的房屋与我们的房屋结构完全不同，屋顶上有一口"天井"。听导游介绍，这里的人都很相信风水之说，天上的雨，是天上掉下来的财，不能流到外人那里，于是开有"天井"。雨水顺天井而下流到地下的暗渠，通过暗渠会通往自家的农田里，这就叫"肥水不流外人田"。

参观完村里，我们开始了绘画。总是有路过的游人会驻足连声称赞："这个孩子画得真好呀！"听到对我的赞扬我很快乐。

看完西递我们来到了宏村。由于时间比较短我们只画了一张画，明天一早我们还会在宏村参观。

去过这两个地方，我已提高了绘画技巧，我画了四幅画，运用了素描技巧和蜡笔手法。原来我们在课堂上都是范画，或摆一个东西，但今天我却在如画般的风景下作画。让我感受到了一种画家的感觉。我喜欢这美丽的山村，这大自然的气息，我喜欢用我的笔记录下来！

/六/四川写生游记

王若情

我一直渴望和热爱写生，如今在我即将离开母校的这一学期，终于参加了写生活动。我感到非常兴奋。经过了24小时的车程，终于到达了天府之国——成都，开始了我的写生之旅。画画不精致的我终于可以有更多时间来练习画画了，而且我还可以知道更多关于成都的风土之情与文化知识。

到了四川成都，离开了北京的喧哗，来到天府之国，让我的心静了许多！平时我们只能在学校画一些罐子、瓶子、水果，但到了这里，我们就能画一些山石树木，河流建筑……第一天，我们参观了锦里，在这里创作了我的第一幅作品。而锦里给我的印象就是美与古老，这里的传说更让我难以忘怀！

成都一年只有近100天出太阳，幸运的我们在参观都江堰的那一天就赶上了太阳出来，这能使我们清晰地欣赏那宏伟的大坝与街边的风景。听了导游对都江堰的一番介绍，让我们了解到了大坝带给人们的便利及其原理，使我对祖先们的智慧产生了敬佩之情。

但是，这天气让本就不擅长画牌楼的我异常烦躁！正当我烦恼的时候，美术刘老师走了过来，看到我犯愁的样子之后，蹲了下来，拿起铅笔，指着牌楼，再拿起我的画相对比后，我发现了我的错误。"写生并不是凭空想象，也不是生硬地画出来，还要融入自己的感受，触景生情，情景交融，而且还要对景物概括与提炼！知道了吗？这些问题你一定要注意，在你的这幅画上，我体会不到你看到这牌楼时的感受，慢慢画，要把自己的感受融入当中去，明白了吧！"刘老师细心地给我讲这些道理。"嗯，我知道了。"听了刘老师的话，我信心大增。我想我不仅要把美景画出，还要把心情融入到当中去。经过刘老师的指导，我反复修改，已经把意境画出，用背景来突出这事物的特点，最终画出了一张完美的作品。同时我还掌握了绘画牌楼的技巧：当看到牌楼的时候，首先要定位；其次一定要注意角度与透视现象，还要清晰地画出牌楼的层次；最后再把细节画出来，最重要的是要融入自己的情感。

这一次写生让我受益匪浅，缺乏写生经验的我不但欣赏到了成都的美景，而且还学到了很多作画技巧。现在回想起来真让我意犹未尽，以后我一定要在美术这方面继续努力。我相信终有一天我会成功的！

汪若静

我的绘画能力比较强。可是我不怎么会写生，这次学校要组织一次去四川的写生活动，我很幸运地被选中了参加此次活动，我感到非常高兴和光荣。

我们在一个天气晴朗的早晨出发了，坐着火车来到了这次写生的目的地——四川成都。到了成都我们去了锦里、都江堰、宽窄巷子。那里风景怡人、古色古香。这次活动给我印象最深的是都江堰，我在那里画的是刮画，我画山，可是山上的树很不好画。老师告诉我亭子旁边的树多画些，小空隙用小红线画。我按照老师教的方法认真地画完了这幅作品。画完后我一看，画得真不错呀！要是比赛一定能得奖。果然不出所料，老师评出了一等奖、二等奖和三等奖，我是三等奖。虽然我得了三等奖，但是我还是很高兴，这毕竟是我努力的成果。

通过这次写生，我的绘画有了很大的进步，我一定要再接再厉，争取画得更好。

王甫东

今年，有幸参加了四川写生活动，令我印象深刻。

我们一路上说说笑笑，银铃般的笑声打破了火车上的沉寂。到了成都，我们坐车来到宾馆。在这里稍作歇息以后，就奔着写生的第一站锦里去了。在里面转了一圈后，老师给我们选了一个角度，就开始画了。我画的是长廊、亭子和湖水，看似很简单的景色，但画起来却大学问。说说长廊吧，老师说一定要画出立体感和近大远小的关系。在老师的精心指导下，我完成了一幅作品，感觉有种荣誉感。

第二天，我们来到了第二站都江堰。这次老师给我们选了牌楼——南桥进行作画。起稿时，我还不知道从哪画起，多亏了老师告诉我先固定好它的位置，再分层，看到什么就画什么。在老师的指导下画出了轮廓。最后又经过细致的刻画，终于完成了一幅画。

通过这次活动，不仅锻炼了我的自理能力，还提高了画技。从轮廓都画不好到画得很好，这些都归功于老师的精心指导。

周子彤

这学期我有幸参加了学校组织的外出写生活动，第一次的旅行，心情是兴奋的、激动的。在老师的带领下我们早早地就到了北京西站，就这样经过20多个小时的养精蓄锐，我们终于在第二天上午到达了向往已久的成都。对于一个城市的第一印象——天虽然灰蒙蒙的，但是空气很好，街道很干净，宾馆环境很好，这些都使我对成都产生了好感。

通过导游姐姐的介绍，使我对成都又有了更多的认识，成都慢的生活节奏、湿润的空气，让我们尽情享受"天府之国"的惬意。在这里我们参观了很多景点——繁华热闹的锦里，显现古老中国人智慧的都江堰，具有丰富文化底蕴的宽窄巷子。

每到一处我们都要进行绘画写生，第一站我们到了锦里，初到感觉好多人，游览中，我看到了各种小吃和工艺品，有卖风车的、吹糖人的等。在一处空地我们就开始绘画了，刘老师给我选好了位置，我画了一处长廊，看起来简单的风景，画到纸上可不那么简单。那层层叠叠的瓦片，近大远小的透视关系，都是我没有接触过的。在刘老师的指导下，我学会了如何观察景物，如何表现透视关系，刘老师说我的线条画得太随意了，要认真仔细的表现，我修改了画得不好的线条，这样画看起来就整体多了，我的第一张写生作品完成了。我们还在都江堰画了南桥、飞沙堰，这次我画了幅刮画作品，刘老师告诉我要用线条的粗细来表现景物的关系，我试着画了画果然效果不一样了。第三天，我们来到了宽窄巷子游览，其实它有三条巷子，宽巷子、窄巷子和井巷子，这里的游客真的是好多呀！好热闹，到了人少一点的巷子，刘老师给我们找了适合绘画的角度，我们就开始了在成都的最后一次写生，这次我画的是巷子的一部分，按照老师教给我的绘画方法，很快我的作品就画好了。这个作品感觉画得很好，把透视关系都表现出来了，在最后的评选中这幅画还得了一等奖，我好高兴啊！

通过参加写生活动，我的绘画水平比以前大大地提升了。和同学们在一起也很快乐，还交了很多好朋友，这真是一次难忘的写生之旅啊！

/七/西安写生之旅

刘　骁

2011.11.9　天气：阴　　离开北京——在路上

今天下午，让我久久期盼的西安写生活动终于拉开了帷幕。

一路上，我兴奋不已，迫不及待地想要到达目的地。汽车行驶在北京的街道上，路边的风景好美呀！有飘着长发的柳树、川流不息的车辆、高耸入云的高楼大厦，一切都显得那么生气勃勃。此时，我的心情就如同这些美景一样，既开心，又激动。就要离开北京了，还真有些依依不舍。

没过多久，我们一车人就踏上了去往西安的旅途……

2011.11.10　天气：阴　　游秦陵和华清池

下了火车，我们便乘车前往举世无双、世界闻名的秦始皇陵兵马俑。这座保存完整的陵墓，吸引了各国领导人和中外游客前来参观。听导游说在全部俑坑中没有一模一样的。一号坑的兵俑最多，有六千多个呢！别看听起来好像很惊人，据说那只占全部俑坑的万分之三点五，它简直就是冰山一角！

参观完兵俑，吃过午饭我们就来到了远近闻名的华清池。里边栩栩如生的雕像，清澈见底的泉水，还有西安事变时留下的一个个弹孔与依山傍水的各种宫殿房屋凑成了一个故事繁多、景色优美的名胜古迹群。

一进门，你就会看到一座大湖，上面还有龙形的石船，一双眼睛炯炯有神，好像马上就会腾空而起似的。绕过大湖，隐隐约约可以望见杨贵妃的雕像；再近些，只见一座近10米高的巨型雕像矗立在涓涓细流之间，好看极了！走过雕像，还会看见一池冒着热气的温泉，底部的石板中富含矿物质，晶莹剔透，好像传说中的五彩石。泉水还在不断涌出，"哗哗"的声响，犹如一支乐曲，正在吟诵着千年的历史……

最后，我们把写生的地点定在了大湖旁。我画了那艘美丽的龙船。龙是中国传统文化中的图腾，象征着权力与威严。龙船与微波荡漾的湖水相结合，柔美中带有一种刚毅，这些都构成了一种独特的美。

2011.11.11 天气：晴有风　　古老的党家村

今天，我们要去一座古老的村庄——党家村。据说，它距今已有七百多年的历史了。经过一番游览，令我感触最深的便是当地的建筑和文化了。那古色古香的石板房，高耸入云的宝塔，朴素实在的小民居，含义深刻的家训，源远流长的人文历史，都充分体现出这个村庄的年代久远和其深厚的文化底蕴。

这些古朴的建筑无时无处不体现着中国的传统义化。一进门，就能看见一处处精美的石雕，有梅花鹿、有蝙蝠、有大山，还有喜鹊，它们象征着福、禄、寿、喜，这些都是人们喜爱的字眼，体现了人们对美好生活的憧憬和渴望。就连清朝的慈禧太后还为党家村题了字呢！

那里的祖先还在墙壁上记载了许多生活的经验教训，好让他们的子孙后代不要犯错误。

他们还在村中修建了看家楼，用来防范外敌入侵。听导游说，以前的确有敌人入侵，由于哨兵的及时通报和村中很好的防御措施，最终把敌人挡在了村外。

参观完毕，我们来到观望台写生。我希望我画下来的不仅仅是这里的优美风景，还有这里的悠久历史和那遥远的文化。希望能通过我的画来和大家一起分享我的心情。

啊！我为这里的人们拥有无与伦比的聪明才智而感叹，为这里流淌着的古老文化而感叹。真舍不得离开这里呀！真想一直在这古老的环境中生活下去。

2011.11.12 天气：晴　　大雁塔之行

今天，我既很开心，又很失落。开心是因为我们会和第二批同学碰面，失落是因为我们就要离开西安回北京了。

大雁塔是为唐代高僧——唐三藏翻译经书所建。他从十几岁开始，直到三十几岁，长途跋涉，历尽千辛，总算取得真经，成为当时最有名的一代高僧。他所经历的苦难和艰辛，以及他那坚持不懈的可贵品格，真值得我们现在的小孩学习。

在这里我们看到了高耸入云、宏伟壮观的大雁塔，还看到了三藏法师的头顶骨舍利子。这是我在西安的最后一次写生了，我的脑海中浮现出人们建造大雁塔时的辛苦劳动，以及唐僧在塔中翻译经书时的种种画面。

通过这几天的游览，我懂得了许多，学到了许多，古老的西安城，把我的心留了下来。无论是阳光普照下的西安，还是茫茫夜色中的西安，都一样的美丽。

我爱西安，我一定会再来看你的。

/八/参观阅读大世界

走进书的海洋

谯洋　辅导教师：刘宏杰

7月6日学校组织我们来到阅读大世界参加阅读体验活动。

接待我们的是一位漂亮的女老师。她和蔼可亲，带着我们一起阅读了绘本《机器人心里的蓝鸟》。这本书有很有趣的插图和精彩的故事，把我们深深地吸引住了。

老师还带我们动手制作机器人。一听说要做机器人，大家可高兴了，兴致勃勃，争先恐后，都想大显身手。

老师还带我们阅读了另一本书——《坐电车去旅行》，又让我们表演节目，大家边读书、边体验。有趣的活动，逗得大家合不拢嘴。

午饭后，我们就在三楼的图书长廊里读书。这里的书可真多。故事书、科普书、历史书、漫画书等，各种各样，大家挑花了眼。书籍就像在一望无际的海洋里尽情遨游的鱼儿，它们是那么高兴、那么惬意。这一天，我们都十分高兴。

一次有意义的阅读体验活动

张妍妍　辅导教师：刘宏杰

考试终于结束了。学校给我们提供了一次放松的机会——参加阅读体验活动。一听到这号消息，大家乐得几天都美滋滋的。

在辅导员老师的带领下，我们阅读了绘本，然后制作机器人。这么有意思的活动大家就更喜欢了。辅导员老师讲解得很细致，教得很耐心。我们拼装机器人也一丝不苟。活动完成后，大家都意犹未尽。

下一个活动是表演体验活动。在老师的带领下，我们来到了小剧场，老师选了几名同学做演员。上台表演的同学开始还有些生疏和胆怯，一会儿的工夫，大家就放开了手脚，表演得还真像那么回事。

午饭后，我们又开始读书了，这里的书可真多。我挑选了一本故事书，静静地坐下来，沉浸在书中精彩的故事情节中，忘记了周围的一切。知道要离开这里了，我才依依不舍地把书放回了书架。

这是一次有意义的活动。真希望以后还能有这样的活动。

我喜欢看书

王婧怡　辅导教师：刘宏杰

我是个爱读书的孩子，只要有空闲的时间，我就会拿起书看个没完没了。今天学校组织我们去阅读大世界参加体验活动，我当时特别的高兴和期待。

我们先随着辅导员老师看绘本、听故事。《机器人心里的蓝鸟》讲述了一个美好的故事，我们听得津津有味。听完故事，我们拼装机器人。这项动手活动并不难，拼装成功后，我们开始了机器人大战。好有意思啊！

接下来在老师的带领下，我们还参加了舞台剧的表演活动。有的同学扮演老师，有的同学扮演孩子，有的同学扮演动物。大家第一次体验表演活动，开始还有些不好意思，可一会儿的工夫，大家就兴致勃勃，表演得可带劲了。

吃过午饭，我们沉浸在书的海洋里。这里的书可真多。《桂宝》《机器猫》《阿U3》……每一本我都想看，只可惜时间有限啊！

我喜欢看书，今天我特别开心。

阅读大世界活动感受

朱梓萌　辅导教师：郑玮

今天，我们乘坐大巴车来到了阅读大世界。到了阅读大世界，老师先给我们讲了一个故事，故事的名字叫《坐着电车去旅行》。电车先是从高山到了大海，然后又从大海开回高山，在了解了这个故事后，老师还让我们演了演，有趣极了。接下来，老师又给我们讲了一个《机器人心里的蓝鸟》的故事，最有意思的是我们亲手制作了一个机器人。机器人的头是小纸杯做的，倒扣在身子上，我们用彩色的笔给机器人画上了自己喜欢的脸，这样机器人就成了我们独一无二的了。中午我们吃了学校给准备的午餐，在阅读大世界吃，感觉好像把书也一起吃到了肚子里似的，变得更有知识了。吃过午饭后，就到了我们自由阅读的时间了，大家有安静地在读书，有的同学还买下了自己喜欢的图书，我也买到了一本心爱的书，爱不释手地带回了家。今天，我在阅读大世界体验到了读书的快乐，我很开心。

体验阅读大世界

韩朝晖　辅导教师：吴茜

真好！学校组织我们去阅读。要知道，我是很喜欢阅读的，这次活动真是"天赐良机"啊！

到达了指定地点，那儿的老师先给我们讲了一个故事：在非洲，每个青年男子若要成为一名人人拥戴的勇士的话，就必须一对一单挑一只狮子，并打死狮子。有个名叫"亚库巴"的男子走进了大草原。他找到了狮子——一只受了伤的狮子，但他放了它。他，成为了人人唾弃的牧场守护者；而它，不再袭击牧场牲畜。这告诉了我一个道理：生活中，很多人像文中的亚库巴一样，都欲成为勇士，可成败就在于你是否放了一只受了重伤的狮子。有的人放了，虽然没有荣誉，没有受人尊重的至高无上的地位，但换来的，却是真正的成功；有的人打死了这只狮子，可又有什么用呢？在内心深处，永远是一个懦夫，因为你杀了一只受伤的狮子。如果是你，你会选择前者，还是后者？真该让人们静下来，好好思考一下这个问题。

这次阅读活动既听了故事，又懂了道理，真好！

阅读体验大世界

孔祥旭　辅导教师：祁少蒙

今天，学校组织我们来参加社会实践活动，但这次的活动和以往有很大的不同。因为这次我们不是出来玩，而是来图书馆体验读书的乐趣。在偌大的图书馆里，有很多很多我喜欢的图书，其中有一本最吸引我，那就是《大林和小林》。

这本书主要讲了父母双亡的大林和小林因遇到怪兽而分离。大林遇上了世界顶级富翁——哈巴，并做了他的儿子，过上了他想要的富裕生活，整日无所事事，最后，却因太过贪财而丧了命；小林被一只名叫皮皮的狗卖到四格格家里，每天被迫给她做很多工作，却吃不饱穿不暖。在那里，小林和其他的小伙伴们吃尽了苦头，最后，小林和他的伙伴们依靠他们的聪明才智，战胜了可恶的四格格的故事。

这是一本很好的童话书，它教导我们，做人一定要善良，不要太贪心，"善有善报，恶有恶报"。而我最佩服的，就是小林，面对那样的环境，他却毫不放弃，勇于同坏人做斗争，他就是我今后学习的榜样。我以后一定要好好学习，努力掌握本领，做一个对国家和社会有用的人。

阅读体验大世界感受

叶嘉奕　辅导教师：张宏梅

今天我们去了阅读体验大世界参加社会实践活动。实践活动十分有意思，但我还是最喜欢那里的图书。

我本来就是一个喜欢阅读的人，在那里我可以随心所欲地阅读各种各样的图书。我最喜欢看的是《福尔摩斯探案全集》。这本书虽然只有两三页插图，但我还是喜欢他。因为书中的故事描写十分细致，但又不是以特别明了的方式展现出来，这给人留下了想象的空间。福尔摩斯十分古怪，做事谨慎，有很强的逻辑分析能力。说它古怪，因为他非奇案不接；说他做事谨慎，因为他说话时的每一个词都是揣摩过的；说他逻辑分析能力强，因为他能把看似说不通的事说明白。

还没等看完就要集合了，故事内容太让人着迷了。这真是次有趣的活动，感谢学校的安排。

青少年阅读体验活动感受

周鑫　辅导教师：张宏梅

在这个阳光明媚的日子里，学校组织同学们参加阅读体验的实践活动。大家乘着大巴车兴致勃勃地来到了目的地——阅读体验大世界。同学们一路上欢声笑语，都十分高兴。

在集合地点整合好队伍之后，我们来到了大楼第3层的一个被书柜围成的小教室。在这个小教室中我们开始了第一个活动——一堂有趣的课。在这堂课中，我学到了许多关于科学的知识，并根据这堂课所学的原理做了一个简易的四驱车模型。接着，我们来到了第二个活动地点。第二个活动开始了，老师给我们大家讲了一个故事，这个故事叫做《少年和狮子》。老师绘声绘色的讲故事，同学们也在认认真真地听故事，仿佛大家都身临其境。故事讲到一半时，老师还让同学们把故事表演了一遍。故事讲完后，同学们都明白了许多道理。吃过午饭后同学们开始自由活动，大家都开始搜寻自己想看的书。我和另一位同学在这里找书，我们找了一遍又一遍，都不愿意停下找书的脚步，仿佛到了我们俩的天堂。集合的声音响起，我们乘着大巴车回到了学校。愉快的一天结束了！

附 录

让艺术涵养生命

张博　王世娟

　　"艺术的伟大意义，基本上在于它能显示人的真正感情、内心生活的奥秘和热情的世界。"法国文学家罗曼·罗兰用凝练而浪漫的话语道出艺术对于人的生活成长的重要性。在当前这个物欲横流的时代，艺术犹如一汪清泉浸润人们的心灵，唤醒其对美的理解、对生活的热爱、对品质的追求。有这样一所学校，她以独特的教育视角，在校园内开展艺术教育特色，精益求精，撷取了一片绿叶，带来了满目春光，她就是笔者此次采访的北京市朝阳区黄胄艺术实验小学。传统与现代的艺术种子在校园生根发芽，绽放绚烂多彩的艺术之花。在这所校园里，你能看到充满童真童趣的画作与笔势雄健活泼的书法齐飞，传统民俗文化与现代艺术特色共舞。艺术育人的大潮惊涛拍浪，在京都之地，撑起了一方教育的蓝天……

　　蒋学风校长是黄胄艺术实验小学在改革新时期乘风破浪再谱新篇的领航者，她到校时间不足一年，却以独特的教育理念与个人魅力，带领学校实现了发展内涵。多年的教育管理经验，使蒋校长明白，到一所学校担任管理者，绝不能摒弃学校原有的理念与特色，而要在调研分析的基础上，立足学校原有的优势，在传承中创新，实现学校的进一步发展。基于这一思想，学校在艺术教育领域深入探索，挖掘资源，拓展途径，为学生实现个性成长奠定基础。

　　朝阳区黄胄艺术实验小学于2003年由西坝河二小和西坝河四小合并而成，是一所全日制公立学校。学校一校两址，占地面积13000平方米，拥有21个教学班，57名教职工和500多名学生。

在蒋校长看来，学校要为孩子提供最适合的教育，以个性化的教育服务，实现孩子的个性化发展。为此，学校以艺术教育为办学特色，遵循孩子身心发展的特点和规律，使每一个孩子的兴趣爱好得以发展，让每一个孩子都能享受到教育带来的乐趣。学校构建了以艺术教育为中心的校本课程体系，以课堂教学为主渠道，以校本课程为载体，以社团建设为途径，努力挖掘各学科中的审美教育因素，让学生的生活如阳光般多彩。

立足校本，让艺术陶冶心灵

黄胄艺术实验小学的教育工作者，深入挖掘学科教育中的艺术教育因素，尊重学生个性需求，整合课程资源，开发了特色校本课程。如今，学校已有三大类校本课程体系。第一为语言艺术类，包括了同步阅读与趣味阅读ABC两类课程，让学生通过阅读欣赏理解作品的情感和语言文字的艺术性；第二为思维艺术类，包括多彩的数学、数学与

年级篮球比赛

生活等六类课程，让学生通过思维培养，提高逻辑思维能力；第三为综合艺术类校，本课程包括电脑美术、水墨童真、剪枝、泥塑等十三类课程，让学生在审美教育活动中受到真、善、美的熏陶和感染，在潜移默化中树立正确的人生观和世界观，从而构建完美人格。

三大类课程体系体现了学校"以书为友、以艺术为友、以好习惯为友"的校训，通过"以书为友"陶冶学生的心灵，"以艺术为友"培养学生的美德，"以好习惯为友"规范学生的言行，完成了艺术教育以美立德、以美益智、以美健体的教育目标。

社团活动是校本课程的延伸，学校以"为每一个孩子的发展提供最好的平台，促进每一个孩子的身心健康与和谐发展"为社团活动宗旨，开设了"武术、街舞、影视、动漫、国画、腰鼓、软笔书法、传承脸谱、皮影"等二十余种社团，为校园生活增添了情趣，为学生的全面成长搭设了舞台。学校打破班级界限，充分利用每天下午的课后一小时，让学生参加自己喜欢的社团，实现"让生命阳光般多彩"的特色理念，社团活动已成为孩子最美好的校园回忆。此外，学校还专门组织了以随读学生为成员的"小天使"艺术社团，每年学校都组织听力、智力及肢体障碍的同读学生和家长，外出写生参与社会实践活动，让他们充分享受到温暖与幸福。

拓展资源，让艺术成就人生

"教育者要创造条件，让学生享受到高质量的教育服务"，蒋校长的一番话，完美诠释了她积极引入校外艺术资源的缘由。到黄胄艺小任职后，她发现单一地依靠学校师资，不能对学生进行全面而深入的艺术熏陶，师资的质与量都不能满足艺术教学的需求。为此，她拓展资源，依托社会力量，以校外的艺术春风，吹拂师生的心灵。

黄胄艺术实验小学与炎黄艺术馆、北京市玩具协会、北京联合大学、朝阳区文化馆、西坝河中里社区等社会机构和单位合作，引入其艺术资源，助力校园日常艺术活动的开展，为学生提供了丰富的艺术教育服务。让孩子快乐成长，实现了全科育人、全程育人、全员育人和实践育人的目的。

学校举办了"多彩艺术进校园 实践体验助成长"的学生主题校园实践体验活动。兔儿爷、虎头鞋、七巧板、珠串、蛋画、五巧板、糖画、吹糖人、毛猴、面人、皮影等21种传统文化艺术的传承人汇聚在校园中，为学生展示传统艺术的内涵与美。全校学生参与学习并体验，在此基础上感知艺术的美、欣赏艺术的美，大胆地用自己喜欢或擅长的方式创造艺术的美，从而提高自己的艺术修养。

为让学生能够在浓厚的艺术氛围中成长，学校教师带领美术社团学生开展写生实践活动。师生们走进青岛，在崂山和大海间领略春天的自然之美，在八大关长街中探寻历史文化之美。孩子们用手中的画笔，将美好的瞬间烙印在心田。在秋意浓郁的十月，教师带领学生到古北水镇写生，孩子们被小桥流水的古镇风景所陶醉，在美术老师的指导下，学生们构图、取景，用画笔记录着美好的瞬间。此外，学校还依托朝阳教委"大师进校园活动方案"，结合学校艺术特色，先后

2014年9月28日黄胄艺术实验小学学生在炎黄艺术馆参观激情燃烧的岁月
"黄胄和他的时代"大型文献展

到达山西、西安、成都等地开展外出写生活动，让学生用画笔描绘祖国的大好河山。

为充分利用媒体资源展示学校的特色和风采，让更多的家长了解学校教育发展成果，了解身边的好学校。2015年4月27日，黄胄艺术实验小学作为朝阳教委指定推荐的10所学校之一，参加了北京教育音像报刊总社和北京广播电视台联合打造的《身边的好学校》栏目拍摄宣传。报道学校教育特色的短片，在北京市公交、地铁每天的上下班高峰时段播出，让市民了解黄胄艺术实验小学这所隐藏在寻常巷陌之中的优质学校。

在北京市的老牌教育大区朝阳区，黄胄艺术实验小校从一所普通小学，转变为综合素质教育示范学校、艺术特色校，完成了让当地教育界惊叹的华丽转身。该校用艺术的厚重与魅力，滋养着莘莘学子，通过随处可见的艺术元素，启迪孩子智慧，陶冶孩子心灵，唤醒他们心中的美。蒋学凤校长用智慧与付出，诠释着"教育"的真谛。她始终站在时代的最前沿，为朝气蓬勃的学子编织翅膀，让学子与青春携手，与激情为伴，去追逐梦想天空里绚丽的彩虹。

班主任工作室小儿歌

学校纪律要记牢

按照脚印上下楼，
慢步轻声抬起脚。
楼道单行靠右行，
文明如厕讲秩序。
排队整齐不吵闹，
主动问好打招呼。
队列当中摆手笑，
学校纪律要记牢。

读书写字姿态歌

工作室室长：姚莉娜

读书要做到
脚踩地　身正立
手臂要放平

写字要做到
脚踩地　身正立
头微低
手臂要放平
一拳一尺和一寸

用餐歌

工作室成员：孙丽萍

饭前饭后要洗手，
排队盛饭守秩序，
细嚼慢咽不说话，
不挑食来不剩饭，
爱惜粮食人人赞。

英语早读

工作室成员：吴茜

按时早读我知道，
张嘴大声能做到。
认真仔细脑中记，
学习成绩提高快。

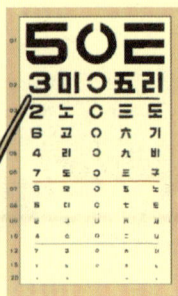

用眼卫生

工作室成员： 张宏梅

读写姿势我知道，
手指离笔一寸长，
眼睛离书一尺远，
胸膛离桌一拳距，
做眼操前洗净手，
穴位准确认真揉，
走路坐车不看书，
定点远眺解疲劳。

文明如厕

工作室成员：董佳

文明如厕我知道，
排队有礼讲秩序，
进出前后轻关门，
便后请勿忘冲水，
勿忘洗手整仪容，
节约水纸勿嬉闹。

卫生小歌谣

工作室成员：宋元领

卫生知识很重要，
良好习惯要记牢。
头发指甲要常剪，
饭前便后手勤洗，
勤洗澡，勤换衣，
早晚刷牙不能少，
清清爽爽上学去。

放学离校

工作室成员：郑玮

放学离校我知道，
记清作业不遗漏，
周围垃圾清理走，
背好书包排好队，
单行右行轻下楼，
甬路绕行不穿越，
出门记得快回家，
学校门外不逗留。

锻炼身体

工作室成员:祁少蒙

跳绳仰卧体前屈,

体育锻炼要积极,

吃好多动身体棒,

营养膳食最重要。

校训：以书为友 以艺术为友 以好习惯为友

育人目标：合格+特长

办学理念：尊重·发展

特色理念：让生命阳光般多彩

学校精神：博爱、勤勉、团结、向上

核心价值观：善·学

校风：勤奋律己 乐观自信 活泼健美 诚信友善

校训：以书为友 以艺术为友 以好习惯为友

作风：求真务实 开拓创新 无私奉献 服务引领

教风：探索求真 创新务实 尊重发展 全面育人

学风：勤学善思 博学笃行 活学好问 学有特长